中國人的故事

名醫和藥學家的高明

張倩儀　主編

甄艷慈　著

新雅文化事業有限公司

www.sunya.com.hk

我們想做一套有新精神的中國人故事書。

古往今來，人人喜歡聽故事、讀故事。尤其情節細膩曲折的，最能吸引，因為人天生就有好奇心。如果故事還值得細細咀嚼，反覆玩味，那麼故事的價值就會成為讀者生命的一部分。

中國人愛說故事。中國的故事經久綿長，因為這些故事植根在古老的土地上。古老的中國也有新鮮的故事，因為中國人還在這大地上生息，新故事源源不絕。中國故事的風格跟中國人一樣，直率、簡潔，充滿樂天知命、奮鬥努力的精神，有時奇幻，但總帶有人性的光輝。

少年讀者需要知道自己的文化根源，又有這年紀自有的好奇和興趣。我們按着少年讀者的認識和性情，挑選動人的中國人物故事，分門別類，點出其中歷久常新的精神，做成一套有人、有事、有主題的中國人故事書。主角不限於古，還及於今；故事是中國人的，視野卻隨着今天的世界擴展。

我們的目標是淺白而能深入，有趣味而講究根源。我相信為我們的孩子，值得花費精神去做這樣的故事書。

張倩儀

目錄

醫祖

——戰國名醫扁鵲

扁鵲(公元前407年－前310年)——原名秦越人，春秋戰國時期名醫。他奠定了中醫學的切脈診斷方法，開啟了中醫學的先河，被尊為「醫祖」。

中國醫學歷史源遠流長，曾出現過許多對世界醫學有着重要貢獻的名醫和藥學家，並流傳着許多膾炙人口的故事，當中一個極為著名的，便是「扁鵲望診齊桓侯」。

扁鵲原來的名字叫秦越人，是戰國時代渤海郡鄭（今河北省任丘縣）人。由於他醫術高明，曾經救活過許多瀕臨死亡的病人，因此人們把他比作傳說中的黃帝時期的神醫扁鵲，久而久之，他的真名反而少被人們提及了。如今，人們仍用「扁鵲再世」來稱道醫生的醫術高明呢！

虛心求學，拜長桑君為師

扁鵲年輕的時候在一家旅館裏工作，有一位很有名的民間醫生長桑君常常來此投宿。由於長桑君醫術高超，所以前來求診的人很多，扁鵲是一個很勤快的人，每當空閒時，他便幫長桑君做一些照顧病人的工

作，並由此對醫學產生了濃厚的興趣。自此之後，他便有意識地看長桑君診症，看到不明白的地方，便向長桑君請教，自己還尋找一些醫學方面的書籍來看。

當時，行醫的人都遵守一條規矩：醫術只會父子相傳，決不外傳。但是長桑君欣賞扁鵲的勤快、聰明好學，於是，每次都會詳細地為他解答，空閒時，還會主動教他一些醫學知識。

就這樣，時間一晃十多年，扁鵲竟也會為病人治療一些簡單的小毛病了。

有一天，扁鵲又來向長桑君請教。在這十多年的接觸中，長桑君感到扁鵲聰明過人，而且很有學醫的天分，於是決定把自己終生所學傳授給他。

長桑君對扁鵲說：「越人君，我保留許多古代秘方，這些秘方治病非常靈驗，現在我年紀已老了，如果讓它們湮沒是很可惜的。你是一個有心人，而且很有學醫的天分，因此我準備把這些古代秘方全部傳給你。」

扁鵲一聽，驚喜萬分，立即跪地拜謝：「多謝恩師。」

自此之後，扁鵲認真鑽研長桑君留給他的秘方，並吸收前代和當代民間的經驗，醫術迅速提高。他能通過「望色」、「聽聲」便知道病人是否有病，病人服藥後很快便痊癒，傳揚開去，扁鵲的名聲越來越大了。於是扁鵲以行醫為業，周遊列國。

起死回生，救活趙國太子

有一年，扁鵲到趙國行醫。剛到趙國國境，便聽說太子病死了，於是他帶着兩位弟子趕去王宮。來到宮門前，見到很多人在忙忙碌碌地向鬼神祈禱，扁鵲上前向一位官員問道：「請問太子生的是什麼病？怎麼死的？」

那官員望了扁鵲一眼，説：「太子氣血錯亂，突然生了暴病，正氣壓不住邪氣，結果昏倒而死了。」

扁鵲對這樣的解釋不以為然，他根據自己的判斷，太子並不是真死，還有救活的希望，於是問：「太子去世有多長時間？」

「不到半天。」

扁鵲一聽，覺得更有希望，便對那官員説：

「我是齊國渤海的秦越人，以行醫為業。請您立即稟報大王，説我能救活太子。」

那官員不相信扁鵲的話，不肯進去稟報。

扁鵲急了，怕他耽誤了搶救時間，於是十分認真地説：「你不相信，可以立即進去看看太子。你會看到太子的耳朵還有聽覺；鼻翼尚在微微張動；順着他的大腿往上摸，會覺得溫熱還未消失。」

那官員聽扁鵲説得如此真切，怕誤了大事擔當不起，趕緊進宮稟報。趙王聽後，又驚又喜，親自迎出門來，請扁鵲進宮為太子治病。

扁鵲來到病榻前，仔細地觀看了太子的氣色，切了脈，然後出拿出針具，在太子身上的八個穴位扎針。不一會，太子真的蘇醒了，趙王驚喜交集。

接着，扁鵲調和了兩種藥膏，吩咐弟子在太子的兩邊腋下熨燙。經過這樣的治療，太子竟能坐起來了，在場的人無不歡呼。趙王流着淚説：「幸虧遇到先生，太子才能得救。」

扁鵲一邊安慰趙王不用太擔心，一邊開了一張藥方，囑咐太子要按時服藥。二十天後，太子完全康復了。消息傳到宮外，人們奔走相告，說扁鵲有起死回生之術。扁鵲聽後笑笑說：「我哪裏有什麼起死回生的本領呢！太子只是昏迷，並沒有死去，我只是幫他康復而已。」

四次望診齊桓侯

如果你曾看過中醫診病，就會看到：中醫給人看病時，總是要仔細地察看一下病人的臉色，並叫病人伸出舌頭看看，然後按按病人的脈搏，再問問病人的感覺的。

原來，這是中醫傳統的診病方法，叫做「四診法」：即望診、聞診、問診、切診。這種診病方法，扁鵲稱為「望色」、「聽聲」、「寫影」和「切脈」。扁鵲特別擅長於「望」診，通過「望色」判斷病人的症狀和病變過程。「扁鵲望診齊桓侯」，是中

國醫學史上一個極著名的故事。

一次，扁鵲來到齊國的都城臨淄，國君齊桓侯早就聽說他醫術高明，因此把他當貴客看待。

扁鵲入朝拜見齊桓侯，出於職業習慣，很自然地望了一下齊桓侯的臉色，誰料，一望，他就發覺齊桓侯身體內有病了，他鄭重地對齊桓侯說：「大王，您有病啊，病邪就在皮膚和肌肉之間。如果不及時醫治，病情會加重的。」

齊桓侯聽了，心想自己沒病沒痛的，吃得好睡得好，哪裏有什麼病呢？出於對扁鵲的尊重，他只是搖了搖頭說：「先生過慮了，我身體很好，並沒有什麼病啊。」

扁鵲辭別後，齊桓侯對身邊的人說：「當醫生的都愛功利，總是想通過治療沒有病的人來謀取功利。」

五天之後，扁鵲第二次去見齊桓侯，扁鵲察看了他的臉色，憂慮地說：「大王的病邪已經進到血脈裏了，如果不醫治，會繼續加深的，望大王早日醫治。」

　　齊桓侯不高興地説：「先生，我沒病，醫治什麼呀？」

　　又過了五天，扁鵲第三次去見齊桓侯。扁鵲發覺他的病情已加重了，於是十分懇切地説：「大王，您的病邪已進入到腸胃之間了，現在立即醫治還來得及，否則就難以醫治了。」

　　齊桓侯見扁鵲三番四次的説他有病，覺得非常討厭，心想：「大名鼎鼎的扁鵲，原來是一個別人沒病也説有病的庸醫，以後沒必要再召見他了。」於是乾

脆不理睬扁鵲。

　　又過了五天，扁鵲因擔心齊桓侯的身體，於是又去拜見。但是，他只望了齊桓侯一眼，便什麼話也不説，退出宮去了。

　　齊桓侯覺得十分奇怪，派人去問扁鵲，扁鵲歎了一口氣説：「大王的病邪，開始時是在皮膚和肌肉之間，這時可以湯藥和熨燙的方法治好；後來進入了血脈，這時可以用扎針或砭刺的方法治療；進入到腸胃之間，這時還可以用藥酒來醫治。但是今天我望了望大王的臉色，發覺病邪已經進入到骨髓，我無能為力了，只好不辭而別。」

　　來人把扁鵲的話告訴齊桓侯，但齊桓侯仍然不相信。五天後，他果然生病了，才着急起來，派人去找扁鵲，但這時扁鵲早已離開齊國了。齊桓侯終於因為諱疾忌醫，耽誤了病情，最後不治而死。

「六不醫」

　　扁鵲周遊列國，除了為王公貴族治病外，更多的是為老百姓治病，而且他會根據各地的實際情況來特別重視某種疾病的醫治。

　　在趙國邯鄲行醫時，他見到那裏的婦女很多都患有婦科病，便當「帶下醫」（即婦科醫生）；到了周王城雒陽（今河南省洛陽市東北），發現那兒的老人在眼睛、耳朵方面患病的較普遍，於是當「耳目痺」（即五官科醫生）；來到秦國都城咸陽（今陝西省咸陽市東），見到兒童患病的較多，便當「小兒醫」（即兒科醫生）。

　　但是扁鵲並不是什麼人都醫治的，他有「六不醫」，即不醫治六種人。一是為人放縱，不講道理的人；二是輕視身體，看重錢財的人；三是衣着和飲食不會適當調節的人；四是病深不早醫，五臟六腑已失去正常功能的人；五是身體非常虛弱，

連藥也不能服用的人；六是迷信巫術，不信醫道的人。

來到秦國的時候，扁鵲已經是老年了。秦國國君秦武王聽説他醫術高明，請他進宮為自己治病。扁鵲診斷後，給秦武王開了藥，不料太醫令李醯非常妒忌扁鵲，和巫醫串通一氣，向秦武王挑撥説：「扁鵲並沒有什麼真才實學，大王不要輕信他。」秦武王聽後不敢吃扁鵲開的藥，扁鵲見秦武王迷信巫醫，便憤然離開。

然而李醯擔心扁鵲將來會再得到秦武王的信任，自己便要失寵，竟然卑鄙地派人刺死了扁鵲。扁鵲遇害後，老百姓把他的遺體安葬在咸陽郊外，他的家鄉則另外建有衣冠塚。陝西、河南、山東等地至今仍保存着歷代人民紀念他而建造的橋樑、石碑和寺廟等。

扁鵲一生到處行醫，沒有留下著作，但他的寶貴經驗卻由弟子們承傳下來。東漢時出版的一本叫《難經》的醫書，其中所記載的醫學理論，以及經絡、針法和切脈等內容，和扁鵲的醫術有着淵源關係，這本醫書到今天仍為醫學工作者所重視。

最早設立「病歷」的醫生

——漢代名醫倉公

倉公（公元前205年－前150年）——原名淳于意，西漢初期著名醫學家，他創立了世界上最早的病歷檔案。

你知道什麼叫「病歷」嗎？

那就是病人去看醫生時，醫生會在給病人檢查之後在一本簿子上把病人的症狀、疾病名稱、患病經過和治療等情況記錄下來。現在科技發達，很多醫生會把這些資料記錄在電腦上。但無論是用筆記錄還是用電腦記錄，它們的稱呼都是「病歷」。

這是醫生診斷和治療疾病的依據，也是醫學研究的重要資料。

正是因為有它，我們才可以知道古代的醫生是怎樣為人治病的，而且也為醫學的發展研究提供了重要的資料和經驗。

那你可知道，世界上最早建立這種病歷檔案的人是誰呢？他就是我國西漢初期的名醫淳于意。這種病歷檔案，當時叫「診籍」。

淳于意生於公元前二〇五年齊國的臨淄，因為他曾經當過主管齊國國家倉庫的太倉長，所以人們尊稱他為「倉公」。

苦心尋師學習醫藥

　　倉公家裏很貧寒，因為見到許多窮苦人家由於無錢治病而死去，於是他自小便立志學醫，為窮苦人家治病。長大後他搜集醫方苦心鑽研，並且試着為病人診病，但有時見療效，有時則不成功。他意識到：單靠自學是不行的，必須拜師學醫。

　　一次，他聽人說淄川地方有一位叫公孫光的醫生，樂於向別人傳授古代醫方，倉公十分高興，立即啟程前往求教。

　　千里求師，公孫光被倉公的誠意打動，於是收他為徒，悉心傳授。過了一段時間，倉公把公孫光所傳授的古藥方全部熟習了，但他仍然一如既往地侍奉公孫光，繼續虛心求學。

　　一天晚上，他們坐在油燈下研究一張古藥方，倉公說出了自己的見解，公孫光聽後拍掌叫好，說：「你真是一個難得的人才，將來必會成為一代名醫。可惜為師學識有限，無法再指點你什麼了。」

　　「弟子已從先生處獲益良多了。」倉公用滿懷感

激的目光望着公孫光。

「不，」公孫光望着窗外，若有所思地説，「這樣吧，我介紹你到我同父異母的哥哥公乘陽慶那兒深造。他的學識我望塵莫及，他所開的醫方非常奇特而靈驗，年輕時我曾想跟他學醫，但他説我沒有這方面的天分。他不是肯隨便收人為徒的，不過，你聰明過人，又肯鑽研，我相信他定會收下你。」

倉公想不到一直仰慕的公乘陽慶竟然是公孫光的兄長，如今公孫光又肯引薦，真是大喜過望。

就這樣，二十六歲那年，倉公又拜公乘陽慶為師。

倉公虛心好學的態度深深感動了公乘陽慶，這位七十多歲的老人把自己畢生所學，以及小心保存、不肯隨便給人看的古代秘方書，毫無保留地傳授給倉公。

經過三年苦學，倉公的醫術突飛猛進，於是他告別老師，獨立行醫。

為病人設立「診籍」

　　倉公給人看病時有個習慣，就是把病人的姓名、住址、症狀、病名、脈象和治療經過等情況記錄下來，他把這種記錄叫做「診籍」。可惜的是，這些診籍已大部分失傳，只有二十五則流傳下來，當中記錄了倉公是怎樣為病人診治的。

　　有一次，倉公在宴會上見到齊王后的弟弟宋建的臉色很乾燥，於是對他說：「宋建君，你有病呀！

四五天前你的腰部痛得不能彎動，而且小便不通，如果不快些醫治，病就會進入腎部了。趁現在病情還未發展到五臟，趕快醫治吧！」

宋建驚奇地說：「先生果然是神醫，我的腰脊真的很酸痛。五天前，有人在比賽搬動榕樹下的大石頭，我就上前試試，誰料石頭太重了，我只好放下，到了晚上，我就發覺小便不通，雖然服了一些藥，但至今仍未見好。先生是怎樣得知的呢？」

倉公聽了之後點點頭，告訴宋建自己是怎樣從他的臉色上判斷出來的，接著指點宋建該服些什麼藥，以及告訴他大概什麼時候會痊癒。最後，倉公還告誡宋建：「年輕人，不要逞強好勝啊，你這病就是因為不自量力，逞強好勝而弄出來的。」

又有一次：濟北王召倉公為他的侍女診脈，診到一個名叫豎的侍女時，倉公的臉色變得嚴峻起來了。待她離開後，倉公對身旁的一位官員說：「這位侍女的脾臟已經嚴重損傷，根據脈象，她將會在明年春天時嘔血而死。」

官員把倉公的話告知濟北王，濟北王立即叫豎前

來，他仔細地看了她一遍，覺得她氣色很好，一點也看不出有病的樣子，於是心裏很不以為然。誰料到了第二年春天，豎果然嘔血而死。

上述兩個故事，顯示了倉公高超的醫術。

倉公的「診籍」給後人留下的二十五個病例，當中涉及現代醫學的消化、泌尿、呼吸、心血管、內分泌、腦血管、傳染病、外科、中毒以及婦產科、兒科。這些病例既反映了他醫術的高超全面，又給我們留下研究漢代醫學的寶貴史料。而診籍所設立的項目：病人姓名、年齡、性別、職業、籍里、病狀、病名、診斷、病因、治療、療效、**預後**①等，則反映了倉公的醫療學術思想和在醫案記錄上的創造性貢獻。

倉公創設的診籍影響深遠，在它之後，歷代不少醫者都有自己記錄的醫案，宋代和明代先後出現了兩本醫案專著。1991年，國家中醫藥管理局更制定了《中醫病案書寫規範》，使中醫病案書寫格式趨向統一。

---

① **預後**：指根據病人目前狀況來推估未來可能出現的結果。

醫聖

——漢代名醫華佗

華佗（公元145年－208年）——東漢末年名醫。世界上第一個使用麻醉術的醫生，精通內科、外科、婦科、兒科和針灸各科，被後人稱為醫聖。

你聽過「關雲長刮骨療毒」的故事嗎？

故事中那位醫術高超的醫生，就是被後人稱為「醫聖」的華佗了。他精通內科、外科、婦科、兒科和針灸各科，其中外科的醫技尤為精湛，在世界上有很高的聲譽。

華佗是沛國（今江蘇沛縣一帶）譙（今安徽省亳縣一帶）人，約生於東漢末年。華佗生活的年代，軍閥連年混戰，人民生活困苦不堪，疫病到處流行。這種社會現實深深地影響了華佗，於是他決心從醫，解救患病百姓的痛苦。

他刻苦研讀古代的醫學著作，並探究扁鵲、倉公等前代名醫的醫療技術，從中吸取營養，使自己很快便成為當時有名望的醫生。

當時曾有一些官員向朝廷推薦他，有的則聘請他當侍醫，但華佗都拒絕了，他只想做一名普通的醫生，為貧苦的百姓治病。

用蒜蓉調醋催吐肚子裏的大蛔蟲

　　請華佗治病的人大多數是貧苦農民，華佗知道他們買不起價錢貴的藥，所以開藥方時盡量揀便宜的藥，並常常採用經濟、簡便而又有療效的方法為病人解除痛苦。

　　有一次，一位老婆婆捂着臉頰來找華佗看病，說是牙痛得十分難受。華佗仔細檢查後，診斷是風火牙痛（即牙周炎）。由於老婆婆家裏很窮，所以華佗採用不需花錢買藥的針灸療法。經過針灸後，老婆婆的牙立即不痛了，老婆婆感激地說：「華大夫的針真管用呀！」

　　又有一次，華佗在路上見到一個年輕人躺在牛車上不停地呻吟，於是走上前去詢問。

　　趕牛車的人說：「唉，我姪兒不知得了什麼病，腹中飢餓，卻又吃不下東西，已經幾天了，我現在正帶他去找大夫診治。」

　　華佗叫趕車的人把車停下，他仔細地察看了病人的氣色，又替他切了脈，知道他患了咽塞病，便安慰

他說：「你的病不要緊的，只是肚子裏有蟲罷了。你不用去找大夫了，我告訴你一個治療方法。你們剛才路過的地方不是有一間小食店嗎？你們回去請店主給你三兩蒜蓉，再要一些醋，調和後服下，病就會好的了。」

那人按華佗的話，服下了調有蒜蓉的醋，一會兒後，吐出了一條很長的大蛔蟲。那人吐出蛔蟲後，馬上就可以吃下東西了，病情立即消失。

事後，那青年得知救治自己的人就是名醫華佗，於是便把大蛔蟲掛在車上，到華佗家去道謝。一路上，他告訴人們華佗怎樣治好了他的病。到了華佗家，見到裏面掛有幾十條這樣的大蟲子，才知道華佗用這種簡便有效的方法，已經救治了許多人。

有時候，華佗甚至不用一針一藥，也可以解除病人的痛苦。一天，太守派人來請華佗去為他治病，他告訴華佗：「華大夫，我的胸口覺得好悶，已經好多天了，服了許多帖藥也不見好轉，我患的是什麼病呢？」

華佗望了一回他的臉色，切切脈後，並沒有回答

太守的詢問，只是走到桌前寫了一封信交給太守，並索取了一大筆診金便走了。

　　太守滿懷疑惑地打開信一看，不由大怒，原來這是一封痛罵他的信。太守怒氣沖沖地大叫：「快給我把華佗抓回來！」誰料派去的人卻回報說沒抓到。太守一聽，更加氣憤了，「哇」的一聲，吐出了一大灘黑色的血。說來奇怪，黑血一吐出，太守的胸悶病立即好了。這時候，太守的兒子才告訴太守華佗「辱罵」他的緣故。

　　原來華佗診症後斷定，太守的病只有在盛怒之下，才能消除胸中的鬱結，於是他便使用了上述的方法。太守聽後佩服不已。

世界上最早使用麻醉術的醫生

　　為病人施行外科手術，一定要使用麻醉術。這種方法，歐美國家是在公元十九世紀才採用的。但早在公元二世紀，華佗就已懂得使用了。可以說，華佗是

世界上第一個使用麻醉術的醫生。

華佗所使用的麻醉劑叫「麻沸散」，遺憾的是，「麻沸散」是由哪些藥物組成的，醫書上沒有明確的記載，但《三國志》等史書卻記下了華佗使用「麻沸散」成功救治病人的幾個例子。

一天，兩個男人抬着一個病人，後面還跟着一個中年婦女，他們急匆匆地來找華佗求醫。病人雙手捂着肚子，狂呼大叫，説肚子痛得實在忍受不了。華佗檢查後，確診為腸痛病，即現在叫的急性闌尾炎。華佗迅速為他扎了幾針，接着讓他服下幾粒藥丸。

過了一會，藥效發作了，病人的疼痛減緩了一些，病人的妻子放下心來，華佗也鬆了一口氣。

但不久，病人又狂呼起來，説比剛才還要痛。病人的妻子跪在華佗面前，淚流滿臉地哀求華佗：「華大夫，求求您，無論如何都要救治我丈夫，否則我和孩子就無法活下去了。」

華佗急忙雙手扶起那婦女，又望了病人一會，果斷地説：「扎針、服藥都無效，只能剖腹動手術了。」

那時候，人們普遍認為，身體是父母給予的，千萬不可毀傷，否則就對不起父母了。因此那婦女苦苦哀求：「華大夫，請您想想別的辦法吧，千萬不要剖開我丈夫的肚子，而且剖開肚子人還能活嗎！」

華佗安慰她說：「如果不動手術，病人就會痛死。你放心好了，這種手術我已做過多次，病人是在無痛苦的狀態下進行的，你不要擔心。」

那婦女見情勢緊急，只好勉強同意。華佗立即命弟子取出精心研製的「麻沸散」，把它調和在酒中，餵病人服下，同時準備開刀用的醫具。

病人服藥後不久就不再呼痛，接著慢慢地沉睡了。華佗見「麻沸散」已起作用，便動手剖開病人的腹部，只見裏面全是膿血，腥臭沖鼻，原來闌尾早已爛掉。華佗熟練地清除膿血等污物，接著割去闌尾，然後用藥水洗乾淨患部，再把腹部縫合，敷上解毒生肌的藥膏。

手術結束後，又過了一段時間，病人才醒過來，他滿懷感謝地說：「多謝華大夫救命之恩，我現在覺得舒服多了。」

四五天之後，病人的創口開始癒合；一個月後，病人完全康復了。

重視運動，創立「五禽戲」

華佗不但醫術高明，而且深明生命在於運動的道理。他常說：「人應該經常活動，這樣可以加快食物的消化，促進血液循環，人就不容易得病了。」為此，他精心研究，創立了「五禽戲」，即模仿五種不

同動物的動作和姿態來進行活動。

　　華佗選取的五種動物是：虎、鹿、熊、猿和鳥，這是很有科學道理的，虎善於抓撲，鹿行走時輕靈舒鬆，熊能攀樹懸掛，猿動作機靈，鳥會張翅。人模仿這些動物的動作進行鍛煉，就可以增強體質，抵抗疾病。

　　據說，華佗的兩位弟子因長期練「五禽戲」，一個九十多歲仍耳不聾，眼不花，牙齒堅固；另一個則活到一百多歲。

　　「五禽戲」是以主動的肢體運動為主，配合呼吸和自我推拿的一種鍛煉身體、預防疾病的方法，這和我們常說的生命在於運動的科學原理是相通的。但華

佗卻是早在一千七年前就已懂得此道理，這是很了不起的。

慘遭曹操殺害

東漢末年，朝廷政權實際掌握在曹操手中。曹操患有頭風病（神經性頭痛），一發作就頭昏腦脹，不能處理政務。他曾召來許多醫生診治，但都不見效果。後來，他聽說華佗醫術高明，便派人召華佗來為他醫治。

經過診斷，華佗決定為他用針灸療法，一針扎下去後，曹操立即覺得舒服多了。由於曹操經常緊張地處理大量的軍事和政務，所以頭風病常常發作。有一次，曹操突然問華佗：「我的頭風病能不能根除？」

華佗思考了一下回答說：「扎針只可以暫時解痛。要想根除，必須切開頭顱做手術。」

曹操一聽，立即大怒，斥責道：「胡說八道！腦袋切開了還可以活嗎！」

為了使頭痛一發作就可以得到緩解，曹操命華陀留在身邊，不准離開都城。

　　華佗對只為曹操一人治病很不樂意，日子久了，更是思鄉情切，於是他假借回家取藥，請曹操准許他回家一趟。曹操不便阻撓，給了他一個月假期。

　　一個月很快就過去了，華佗不想再去都城，便寫了一封信給曹操，說妻子生病，請求續假，後來又多次寫信續假。

　　曹操見華佗久去不回，不由產生了疑心，他派人到華佗的家鄉去調查，說：「如果華佗的妻子真的病了，就賜他四十斛（古代的一種量器）小豆，並且可以延長假期；如果他是欺騙我，就把他押回來問罪。」

　　就這樣，華佗被押回都城。曹操見華佗不願為自己服務，非常惱怒，決定處死華佗。雖然他的謀士一再勸諫，他仍固執己見，於是華佗慘遭殺害。直到後來曹操最心愛的兒子病危，曹操才歎息說：「我後悔殺了華佗，才令這孩子沒救了。」

　　華佗在獄中時，曾把自己平時行醫的經驗寫成

一本書。當他知道曹操要殺他時，把書稿送給一個獄吏。但獄吏怕受連累不敢接受，華佗長歎一聲，叫獄吏取來火種把書稿燒掉了。就這樣，一代名醫飲恨而死，連他的醫學著作也沒能保存下來，這是中國醫學的一個重大損失。

經方大師

——漢代名醫張仲景

張仲景（公元150年－219年）——東漢末年著名醫學家。其著作《傷寒雜病論》是中醫史上第一部「理法方藥」具備的經典，後人尊稱他為「經方大師」、「醫聖」。

我國古代有一種專門記載和論述藥方的著作，叫做「經方」。這是因為其中的藥方具有「經典」的意義，是「經驗之方」，後來的許多藥方都是從它們當中發展變化而來的。

那麼，我國最早的經方，你知道是什麼嗎？《傷寒雜病論》你聽說過嗎？它的作者就是東漢末年的名醫張仲景，《傷寒雜病論》中的經方，就是我國最早的經方。張仲景這位名醫，也因此而被後人尊稱為「經方大師」。

封建迷信才是病人最大的危害

仲景是南陽郡涅陽（今河南省南陽）人，大約生於公元一五〇年。小時候，他從古書中看到扁鵲望診齊桓侯的故事，對扁鵲的高超醫術十分欽佩，並由此對醫學產生了濃厚的興趣。後來，他跟名醫張伯祖學醫，自己又苦心鑽研，學到許多醫學知識和醫術，成

為當時最著名的醫生。

張仲景生活的時代，正是社會動盪的東漢末年，那時戰禍連綿，瘟疫流行，曾出現「白骨露於野，千里無雞鳴」的慘景。張仲景的家族原來有二百多人，但不到十年時間，就有一百多人死於傷寒病。

然而當時的統治者卻不理民眾的疾苦，不重視醫學，社會上普遍都迷信巫術，不少窮人在巫婆和妖道的欺騙下用符水治病，結果反而被奪去了性命。張仲景對這些情況十分憤慨，決心用醫術來救治貧苦的百姓，讓他們看到醫療的實際成效，從而不受巫婆迷信毒害。

一天，張仲景路過一個村莊，見到一個中年女人一會兒號咷大哭，一會兒又大聲狂笑，圍觀的人都在搖頭歎息。一位老婆婆一邊流淚一邊說：「王半仙說我媳婦是被鬼魔纏身，我要去請她來為我媳婦驅鬼，有勞各位鄉親代我照看一下我媳婦。」

張仲景立即上前制止：「老婆婆，請稍等一下，我是大夫，請讓我看看你媳婦的氣色。」

張仲景仔細地觀察了那婦女的氣色，並向老婆婆

詢問了一些情況，他嚴肅地對老婆婆說：「你媳婦並不是什麼鬼魔纏身，而是因為熱血入室，導致神志昏亂。這種病完全可以治好……」

張仲景話未說完，老婆婆立即跪倒說：「求大夫救救我媳婦。」

張仲景連忙伸手扶起老婆婆，並且對她說：「老婆婆，不要擔心，我會救治你媳婦的。不過你要記住，有病一定要看大夫。其實真正的鬼魔是王半仙這

樣的巫婆，被她纏住病人，耽誤了病人的醫治，那才是最大危害。」

張仲景説完，隨即替病人扎了幾針，病人馬上安靜下來，過了幾天，神志便完全恢復正常。

巧用蜂蜜條塞入肛門治便秘

張仲景在行醫過程中，一方面採用前人的方法，另一方面則敢於大膽創新，採用一些前人未曾使用過的方法來治病。

一次，一個大便乾結、無法排便的病人來求診。經檢查，張仲景確診病人患了陽明病，這是一種因高熱等引致的便秘症。

當時的醫生碰到這種病，一般都是讓病人服瀉藥。但張仲景發覺病人身體十分虛弱，無法經受瀉藥。但如果不用瀉藥，病人身上的熱邪就無法排出來，病也就無法治好。這該怎麼辦才好呢？

張仲景思索良久，終於決定採用一種前所未有的

醫治方法，讓病人既能排便，又不會損傷身體。

他取來一些蜂蜜，把它煎乾，趁熱捏成一條細細的長條，等它乾了，然後慢慢地塞進病人的肛門。一會兒，蜂蜜遇熱溶化，病人的腸道得到潤滑，乾結的大便便連同熱邪一齊排了出來。大便排出來，病人的病情也立即好轉了。

這是我國醫學史上最早使用的肛門栓劑通便法，它的醫學原理至今仍被採用，並拓展到其他一些疾病的治療。

最早的人工呼吸法

一次，張仲景出診途中，見到許多人圍着一個躺在地上的男人在歎息，一個女人和幾個孩子跪在男子身旁悽慘地哭着。張仲景連忙上前詢問：「請問出了什麼事？」

「唉！」一位老伯伯一邊搖頭一邊歎息説，「因為太窮的緣故，大牛想不開，就撇下老婆孩子上吊

了。他弟弟發現後馬上將他解下來，但他已不會動了，撇下孤兒寡婦怎麼辦啊！」

張仲景聽完，知道這人上吊的時間不長，可能只是假死，還有救活的希望，於是立即擠進人羣，説：「我是大夫，這人上吊的時間不長，可能還有救。請幫我把他放到牀上，再抱一張棉被過來。」

張仲景拉過棉被蓋好那男人，接着，對身邊兩個身強力壯的年輕人説：「小伙子，請幫幫忙，你們兩人蹲在他身旁，一個不停地按他的胸脯，一個抓住他雙臂，一起一落地活動。」

吩咐完畢，張仲景自己叉開雙腿，蹲在牀板上，用手掌抵住那男人的腰部和腹部，隨着那男人手臂的起落，一下鬆一下壓。

半個小時後，那男人終於有了微弱的呼吸，在旁的人都驚喜地瞪大了眼睛。張仲景對那兩個青年説：「不要停，繼續做下去。」又過了一會兒，那男人清醒過來了。

張仲景採用的這種急救方法，就是現代廣泛使用的人工呼吸法。

「扁鵲再世」

張仲景行醫時，曾到過京都許城。由於他醫術高超，許多政治家及文學家都對他很敬重，並主動結識他，東漢末年著名的文學家王粲便是其中之一。王粲對張仲景十分仰慕，張仲景一到許城，王粲便前去拜訪，兩人的關係十分密切。

和王粲來往了幾次之後，張仲景憑着豐富的臨牀經驗，辨察出王粲身上潛伏着一種名叫「癘疾」（即麻風病）的病原。當時患有這種病是非常危險的，而且還被認為是很丟臉的事，王粲在當時已甚有名氣，而且是一個很要臉的人，如果告訴他，他會接受嗎？如果不告訴他，則會有生命危險。思前想後，張仲景決定採用婉轉的方法告訴他。

一天，王粲又來探訪張仲景，傾談了一會後，他對王粲說：「你身上潛伏着一種病，要早點醫治才好，要不然將來會眉毛脫落，甚至有生命危險。我看你先服五石湯吧！」

王粲是一個很聰明的人，雖然張仲景不說出病

名，只說病狀，但他還是明白張仲景說話的含意。不過他不相信自己會患這種病，以為是張仲景在嚇唬他，所以他只是胡亂答應了一下，並沒有去服五石湯。

過了一段日子，他們兩人又相見了，張仲景望了一下王粲的氣色，焦急地問：「你服過五石湯了嗎？」

「服過了。」王粲一聽，十分反感，但出於禮貌，還是隨意地應了一句。

張仲景仔細地察看了王粲的氣色後，搖搖頭說：「你好像沒有服過。聽我的勸告，快去服吧，不然會出事的。」

但王粲還是不相信，說：「我的身體很好，你不必過慮。」

幾年之後，張仲景的話應驗了。王粲果然癩疾發作，眉毛脫落，半年後不治身死，去世時才四十歲。此事傳開後，人們都稱讚張仲景是「扁鵲再世」，然而張仲景的內心卻非常難過，他對這位年輕有為的才子之死十分惋惜。

《傷寒雜病論》的巨大影響

張仲景對我國醫學最大的貢獻，是他博取眾方著成《傷寒雜病論》。《傷寒雜病論》共十六卷，內容包括《傷寒論》和《雜病論》，它是我國醫學史上影響最大的著作之一，也是我國最早的把理論和實踐結合起來的臨牀診療專書。它奠定了「**理、法、方、藥**」①的理論基礎，確立了「辨證論治」的中醫臨牀基本原則。這些理論和原則一直指導着後世者的臨證治療，因此，《傷寒雜病論》成為後世研習中醫者人人必讀的重要醫籍。

書中記載的二百八十個經方，是「醫方之祖」，古今中外的中醫學家常常以這些經方作為母方，依「**辨證論治**」②的原則而變化出一系列的方劑，因此後世中醫學家稱《傷寒雜病論》為「活人之書」、「方書

之祖」，讚譽張仲景為「醫聖」。

《傷寒雜病論》不僅受到我國歷代醫學家的推崇，而且還流傳到日本、朝鮮等國，對世界醫學的發展起着非常重要的作用。

---

① **理、法、方、藥**：是指將中醫理論、診法、治法在臨牀實踐中綜合應用的思維方法，涵蓋診治全過程的四個基本內容。理，指中醫理論；法，指診法治法；方，指方劑；藥，指藥物。即是確切了解疾病的原因，然後制定正確的預防措施或治療方法，並依據藥方來用藥。

② **辨證論治**：中醫認識疾病和治療疾病的基本原則，是中醫學對疾病的一種特殊的研究和處理方法。「辨證」就是把四診（望診、聞診、問診、切診）所收集的資料、症狀和體征，通過分析、綜合，辨清疾病的病因、性質、部位，以及邪正之間的關係，概括、判斷為某種性質的證。論治，又稱為「施治」，即根據辨證的結果，確定相應的治療方法。

針灸大師

——晉代名醫皇甫謐

　　皇甫謐（公元215年－282年）——三國西晉時期學者、醫學家，其著作《針灸甲乙經》是中國第一部針灸學的專著，被譽為「針灸鼻祖」。

你知道什麼是針灸嗎？你有沒有在一些中醫診所裏見到牆上掛着一幅標注着人體穴位的掛畫呢？它就是人體穴位圖，中醫師就是根據這些穴位來給病人扎針治病的。這種治療方法屬於傳統中醫的重要部分，具有安全簡便等優點，幾千年來一直是重要的中醫治療方法之一。那麼，你又是否知道中國歷史上最著名的針灸大師是誰呢？

大器晚成的醫學家

皇甫謐出身於東漢的名門望族，他的曾祖父皇甫嵩是漢朝的征西大將軍、太尉，但後來家族漸漸衰落了。

皇甫謐出世不久，他父母便去世了，他被過繼給叔父，叔父叔母都很寵愛他。也許是這樣的緣故吧，小時候的皇甫謐貪玩不願讀書，整天東遊西蕩，和村裏的兒童嬉戲遊玩，差不多二十歲了，仍是頑童一個，有人甚至笑他天生癡傻。

叔父叔母都為他深深憂慮，覺得不能再任由他這樣下去了，決定要好好的嚴加管教訓勉。一天，他不知從哪兒拿來了一些瓜果獻給叔母，想不到叔母卻把瓜果撥開了，心情沉重地對他說：

　　「如果你不好好讀書，沒有一點本事，無論你用什麼來孝敬我，都是不孝的。如今你已快二十歲了，仍然是不肯讀書，不求上進，我心裏就無法得到安慰。我只希望你有才學，肯上進，只是你不明白我的心意。提高修養，學習知識，這是對你有益的，難道是對我有益嗎？」

　　叔母一邊說着，眼淚一邊忍不住流了下來。

　　見到叔母如此，皇甫謐深深震撼了，他羞愧地說：「要叔母為姪兒如此憂心，是姪兒之過。以後我會用心讀書，不負叔父叔母所望。」

　　自此之後，皇甫謐勤奮讀書，刻苦鑽研學問。即使是因家貧而要種田，也不忘帶着書在田間休息時閱讀，一天也不懈怠，終於一生寫成多部重要的文學著作和一部醫學著作，在我國的醫學史和文學上都享有盛名。

學醫始於自己身患頑疾

四十一歲那年，一個天氣十分潮濕的日子，皇甫謐早上起來，突然覺得半邊身子酸痛，行動不能自主。家裏人連忙請來大夫。

大夫切脈、按摩一番之後，神情凝重地對皇甫謐說：「你患的是風痹病。這種病主要是由風邪入侵人體而造成的，醫治比較困難，僅靠服藥效果不大，時間也很長。」皇甫謐問：「有沒有其他方法可治療呢？」大夫說：「有的。古人醫治這種病，常常採用針灸的方法。不過，要持之以恆才會有效。」

患上風痹病，這對於皇甫謐來說這是一個很大的打擊，因為身體不能自如地活動，這不但影響了他的日常生活，還影響到他鑽研經書和著述。他決定接受大夫的建議，採用針灸方法治療。

在用針灸治療的過程中，皇甫謐感受着那小小的針扎進自己身體裏的奇妙感覺，驚覺它對人體疾病的神奇作用，不由得對醫學，尤其是針灸產生了濃厚興趣，他找來了許多有關醫書來研讀。

承先啟後的《針灸甲乙經》

　　針灸療法起源於遠古時代，相傳是伏羲發明的。
我國最早而且最完整的醫學經典《黃帝內經》已記載
了完整的經絡系統，古代重要的醫書基本上都有針灸

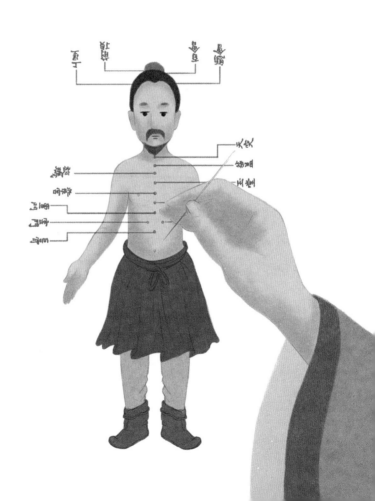

的內容。歷代名醫不僅長於藥物治病，大多也擅長用針灸治病。扁鵲救趙國太子時，就是先用針刺來使太子蘇醒。華佗為曹操治頭痛，也是用扎針。皇甫謐在本身的治療過程中，也深深體會到針灸的良好效用。

為了醫治自己的疾病，皇甫謐研讀大量醫書，尤其是有關針灸方面的醫書。但是隨着研究的深入，他發現以前一些有關針灸的醫書，上面所記載的內容有的深奧難明，有的重複，有的甚至錯誤百出。他覺得這些醫書不便於後人學習，甚至會有誤導成分，因此他決定親自編寫一本有關針灸方面的專著。

他設法借來了各種各樣的醫書，詳細比較引證。有時為了證實醫書上說的是否正確，他會在自己身上試針。有的穴位他自己無法刺到，就請家裏人來幫助。經過多年的悉心鑽研，再結合自己的摸索和體驗，他終於在吸收許多古典醫學著作精華的基礎上，編寫成《針灸甲乙經》。

《針灸甲乙經》共十卷，一百二十八篇。內容包括臟腑、經絡、腧穴、病機、診斷、治療等。書中人體所有的穴位，按頭、面、四肢、胸、背等解剖部

位作了科學的分類和介紹，並且補充了古代醫書沒有記載或沒有名稱的穴位，一共確定了六百五十四個穴位，並且對每個穴位的治療作用、禁忌症、操作方法以及其他必備的知識，都作了詳細的介紹。

《針灸甲乙經》在我國的針灸學上有着承先啟後的作用，後代的針灸學著作都是在它的基礎上加以發展的。唐代和宋代的中央醫學機構，都是以它作為針灸教材，因此皇甫謐被稱「中醫針灸學之祖」。

公元五世紀，這部書傳到日本和朝鮮，受到十分重視。日本在日本法令《大寶律令》中明確規定本書作為針灸科的必讀參考書之一。直到現在，我國的針灸療法雖然在穴位上略有變動，但原則上還是依據它。現在針灸風靡全球，世界衛生組織也已正式批准把針灸列為醫療專項。

藥王

——

唐代名醫孫思邈

孫思邈（公元581年－682年）——唐代醫藥學家，其著作《千金要方》是我國現存最早的一部醫學百科全書，被後人稱為「藥王」。

公元六八一年，一位百歲老人撰寫的醫學著作——《千金翼方》問世了；二十九年前，這位老人曾寫出其醫學巨著《千金要方》。這兩部醫學巨著和東漢名醫張仲景所著的《傷寒雜病論》一樣，是中國醫學史上十分重要的著作。這位百歲老人就是被唐太宗李世民封為「藥王」的孫思邈，老百姓尊稱他為「藥王爺」。

　　孫思邈小時候體弱多病，為了醫治他，他父母到處求藥問醫，幾乎弄到傾家蕩產。兒時的痛苦經歷，使孫思邈產生了長大要當醫生，解除病人痛苦的志願。

　　孫思邈生性聰穎，很快便學到高超的醫術，在民間的名氣越來越響。唐太宗曾患有心口痛病，御醫們都束手無策，最後是由孫思邈為他治好。

　　由於他醫術高明，隋文帝、唐太宗及唐高宗都曾先後請他當官，但他不是託病推辭，就是明確拒絕，終生在民間為老百姓治病。

一針救了兩人性命

孫思邈非常重視婦女疾病的醫治，他認為婦女的體質和生理狀況跟男人不同，因此醫治方法也不一樣，為此，他倡導獨立設立婦科。他對婦科和產科都曾作過專門研究，並有着高超的醫術。中國醫學史上，就曾廣泛流傳着他一針救兩命的故事。

一天，孫思邈在路上走着，見到迎面幾個人抬着一口棺材走過來，一位老婆婆在後面緊跟着，哭得十分悲傷。

當棺材抬經身邊時，孫思邈見到裏面滴出了幾滴鮮紅的血，他不禁疑惑起來，人死了，而且還裝進棺材裏了，為什麼還會流血呢？於是他走上前問：「老婆婆，請問棺材裏裝的是什麼人？是因什麼病去世的？」

老婆婆邊哭邊説：「棺材裏面裝的是我的獨生女兒，才要生孩子，就死啦，她好苦命啊！」

「老婆婆，請不要哭，告訴我，你女兒斷氣有多長時間了？」

「才幾個時辰，孩子還在肚子裏頭呢！」

孫思邈一聽，根據他的經驗判斷，這婦女還未真的死去，還有救活的可能。他對老婆婆説：「老婆婆，也許我可以救活你的女兒。請把棺材打開，讓我看看你女兒還能不能救活。」

這時，圍觀的人都認出了這是有名的孫思邈大夫，紛紛叫老婆婆快讓人把棺材打開。棺材打開後，孫思邈見到那婦女臉色蠟黃，沒有一點血色，肚子還隆着，顯然是難產。他仔細地為她切了脈，發覺脈搏還在微弱地跳動着，便立即取出金針，在一個穴位扎下去。一會兒，奇跡出現了，那婦女慢慢地睜開了眼睛。又過了一會兒，產下了一個嬰兒，在場的人都歡呼起來。就這樣，孫思邈一針救回了兩條人命。

用蔥白抽打身體救活小嬰兒

孫思邈對小兒的疾病同樣十分重視，他説，人總是由小孩子長大為成人的，沒有小孩就沒有大人，小

孩的病和大人是不同的。因此，他又倡導單獨設立兒科。

一次，一個男人急匆匆地來找孫思邈，一進門就大叫：「孫大夫，孫大夫，我大嫂生下一個已斷了氣的孩子，請您快去看看能不能把他救活。」

孫思邈跟着那男人立即就走，到了那兒一看，只見那剛生下來的嬰兒嘴上全是污血，全身發紫，一動也不動，就像斷了氣一樣。他趕忙取出一塊乾淨棉花，擦去嬰兒嘴上的污血，又撥開他的嘴巴，擦去口中的瘀血。接着，他叫人取來幾根大蔥，扯去上面的葉子，用蔥白輕輕地抽打嬰兒的身子。

說也奇怪，抽打一會兒後，那嬰兒竟會「哇」的哭出聲來，在旁的人都又驚又喜。孫思邈又叫人取來一盆暖水，把嬰兒放在盆裏，輕輕地為他揉搓全身，再用乾布把他擦乾包好。就這樣，嬰兒被救活過來了。

事後，有人問他：「孫大夫，為什麼你連藥都不需用，就可以把這孩子救活了？」

孫思邈說：「這孩子生下來的時候，瘀血留在口中，造成肺氣阻塞，一時停止了呼吸。如果不迅速清除瘀血，孩子是會真的斷氣的。所以我先把他的瘀血擦乾淨，讓他可以透氣。」

「為什麼要用蔥白抽打孩子呢？」那人又問。

「這是為了讓孩子啼哭。一啼哭，肺氣就通暢了。」

「那麼為什麼是用蔥白，而不是其他東西呢？」那人緊追着問。

「用蔥白抽打，是因為它柔軟細嫩，不會損傷孩子嬌嫩的肌膚，而且蔥白是每家都有的東西，隨手可取。」

大家聽了，佩服不已。

發現奇妙的「阿是穴」

針灸醫療法，是醫生根據醫書上所記載的穴位替病人扎針醫治，這些穴位，都有固定的位置和名稱。

但有一個穴位很獨特，它沒有固定的位置，它是隨着壓痛點和患病部位而定的。這個穴位叫「阿是穴」，它是由孫思邈發現的。這裏有着一段很有趣的故事。

一次，一位患腿病的人來找孫思邈治病。由於他行動不便，又需要每天扎針服藥，於是孫思邈安排他在自己家中住下。誰料半個月過去了，病情卻一點也不見好轉，病人感到十分失望，他向孫思邈告辭要回家。

其實孫思邈心裏也非常焦急，但他仍不想放棄。他對病人說：「你先不要急着回家，我們再試半個月，如果確實無效，你再回家吧，好嗎？」

當晚，孫思邈翻來覆去的睡不着覺，他在回想半個月來的治療情況，他完全是按照古醫書上的穴位來扎針的，但為什麼不見療效呢？

突然間，他想到，莫非人體上還有一些未被發現的穴位？想到此，他坐起來在自己的身上比劃着，尋找着，並在自己身上試扎了幾針。

第二天早上，他讓病人躺在牀上，把腿伸直，然後在他腿上一分、一寸地掐試穴位，並不停地問病

人：「是這兒痛嗎？」但每一次病人都是説：「不是，不是，不痛。」

孫思邈沒有氣餒，他仍繼續掐試，當掐試到一個部位時，病人突然叫起來了：「啊，是，是，是這兒痛了……」孫思邈馬上掐住這個地方，把它作為穴位，一針扎了下去。過了一會兒，病人告訴他：「孫大夫，我的腿沒那麼痛了。」

孫思邈記住了這個穴位，第三天早上，他再在這個穴位上扎針，不料竟不見效。孫思邈便又用掐試法，找到一個痛點，再把針扎下去。就這樣，扎了好幾天，病人的腿痛完全治癒了。

由此，孫思邈總結出了一個醫書上沒有記載過的扎針方法，就是哪裏痛，就往哪裏扎針。這樣就大大地擴大了傳統的扎針穴位。

孫思邈想：古書上沒有提到這個穴位，該給它起個名字好讓人知道。可是這個穴位在人體上沒有固定部位，也不知有幾個，叫什麼名字才好呢？

突然，他想起了第一次找到這個穴位時，病人説：「啊，是，是，是這兒痛了……」於是，便給這

穴位起名為「阿是穴」。

用蔥管給病人導尿

　　世界上最早用橡皮管施行導尿術的，是公元十九世紀中期法國的一位醫生。但早在一千多年前，孫思邈便已用一根蔥管為病人成功導尿了。因此，可以說，孫思邈是世界上第一個成功施行導尿術的醫生。

　　一次，一個病人因尿撒不出來，小肚子脹得鼓鼓的，難受得連腰也直不起來。孫思邈很清楚，病人只要把尿撒出來，病痛就可以消除的了。不過，此時服用導尿藥已來不及了，用什麼方法才可以幫病人把尿撒出來呢？孫思邈想到張仲景曾用蜂蜜製成藥錠，塞進便秘病人的肛門令乾結的大便迅速排下。那麼，是不是也可以用一根管子插入病人的尿道，把尿導出來呢？但是，尿道太細了，用什麼管子才可以插進去呢？孫思邈想啊想，突然想到，蔥的葉子很細，中間又是空的，充氣後不是可以導尿了嗎？

孫思邈挑選出一根適宜的蔥管，在火上輕輕燒了燒，切去尖的一頭，然後小心翼翼地插進病人的尿道。經過幾次失敗後，終於插了進去，他隨即向蔥管吹氣，把尿道撐開。當他停止吹氣後，尿果然順着蔥管流了出來，病人的肚子慢慢癟下去，病也就好了。

巧治夜盲症和腳氣病

除了用藥及針灸治病，孫思邈還提倡食物療法，主張食物和藥物結合起來進行治療。他曾經介紹了二十九種果實、五十八種蔬菜、二十九種米穀和四十種動物的性味與主治病症，如對夜盲症、腳氣病等，就是用食物進行治療的。

孫思邈在行醫過程中發現一個奇怪的現象：窮人常患「雀盲眼」（即現代叫的夜盲症），有錢人則常患腳氣病。

患「雀盲眼」的人，白天視力正常，但到了晚間，就像麻雀一樣，什麼也看不見了。患腳氣病的

人，腿部浮腫，肌肉疼痛，四肢無力，向浮腫處一按，皮肉就會深陷下去，一會兒才恢復正常。

「患『雀盲眼』的人不患腳氣病，患腳氣病的人又不患『雀盲眼』，到底是怎麼一回事呢？」這種系統性的患病現象引起了孫思邈的深思。他在想，這是否和人的飲食有關呢？

孫思邈在推測，窮苦百姓一般以粗糧為主，很少有肉食，這種病是否因缺乏某種肉類食物所引起的呢？那麼，應該多吃些什麼肉類食物才可以防治這種病呢？為此，孫思邈開始進行試驗。經過多次試驗後，孫思邈發覺多吃動物的肝臟，可以治療這種病。

同樣地，孫思邈又比較了窮人和有錢人吃的糧食，發現有錢人吃的多是精緻的米麵，這些米麵外面的一層糠和麩，在加工時都給舂掉了。而窮人吃的粗糧，則保存着糠和麩。

「會不會有錢人就是因為少吃了這種糠和麩才患腳氣病的呢？」想到這裏，孫思邈決定試一試用糠和麩煮湯及粥給病人喝，發現病人的病情真的減輕了。孫思邈大受鼓舞，繼續試驗，結果，病人不藥而癒。

後來，他又發現，用杏仁等也可以治好腳氣病。

　　現代醫學研究證明，孫思邈的醫治方法是很有科學道理的。人患夜盲症，是因為體內缺乏甲種維他命，動物肝臟裏含有豐富的甲種維他命，因此食後可以防治夜盲症。而糠和麩含有豐富的乙種維他命，又恰好可以防治因缺乏乙種維他命而產生的腳氣病。歐洲人第一次論腳氣病，是在公元十七世紀中期，而孫思邈比他們早了足足一千年。

人命貴於千金的《千金要方》

　　孫思邈把他的醫學著作命名為《千金要方》，是因為他認為生命的價值貴於千金，而一個處方能救人於危殆，價值比千金更加貴重。

　　《千金要方》共三十卷，收集藥方五千三百首。它總結了唐代以前的醫學成就，第一次完整地提出了以「臟腑寒熱虛實」為中心的雜病分類辨治法；搜集了唐代以前許多醫論、醫方以及用藥、針灸等經驗，

兼及食療、導引、按摩等養生方法，內容十分豐富，這是繼張仲景《傷寒雜病論》後中國醫學的又一次總結，被譽為中國歷史上最早的臨牀醫學百科全書。

此外，書中還以顯著地位講述醫德，強調醫者要有精湛的醫術和高尚的品德修養，詳細列出了對醫德與醫術的嚴格要求，這成為歷代臨牀醫生修養的準繩。

《千金要方》對後世醫學，特別是方劑學的發展影響深遠，並對日本、朝鮮醫學之發展也有積極的作用。日本於1974年成立千金要方研究所，特地重新精印南宋本《備急千金要方》，並譽之為「人類之至寶」。

兒科之聖

——宋代名醫錢乙

　　錢乙（公元1032年－1113年）——宋代名醫。
他第一次系統地總結了對小兒的辨證施治法，使兒科
發展成為獨立的一門學科，被尊稱為「兒科之聖」、
「幼科之鼻祖」。

我國古代的名醫，對小兒疾病都非常重視，早在戰國時期，名醫扁鵲就曾當過「小兒醫」；到了唐代，名醫孫思邈更倡導兒科要獨立成科；到了宋代，出現了一位專攻兒科的名醫，他就是被後世醫學界尊為「兒科之聖」的錢乙。他寫的《小兒藥證直訣》是我國現存的第一部兒科專著，這本專著第一次系統地總結了對小兒疾病的辨證施治法，令兒科從此發展成為一門獨立的學科。

　　錢乙是鄆州（今山東省東平縣）人，生於公元一〇三二年。錢乙專攻兒科疾病，是和他幼年時的悲慘遭遇有關的。

小孤兒立志學醫

　　錢乙的父親是一個民間醫生，他平生最愛兩件事：一是遠遊，二是喝酒。錢乙三歲的時候，他出門浪遊，從此就杳無音訊，錢乙在家和母親相依為命。不幸的是，一年後，錢乙的母親又因病去世，從此，

四歲的錢乙便成了孤兒，幸好姑父姑母收養了他。

四歲的錢乙十分瘦弱，就好像一個兩歲的幼兒，姑母把他摟在懷中，心疼得直流眼淚。站在旁邊的姑父是一位民間醫生，他一看錢乙的氣色，就知道這孩子先天不足，營養不良，傷了元氣。於是他安慰錢乙的姑母說：「你不要擔心，孩子只是因小時奶水不足而導致營養不良罷了，我們替他慢慢調理，他就會強壯起來的了。」

姑父姑母都十分憐愛這個沒爹沒娘的孩子，細心地為他調養身體。過了一段時間，錢乙的氣色明顯好轉，體質也增強了許多，但個子仍然比同齡的孩子矮小。

錢乙小時候患過小兒麻痺症，左腿有點萎縮，走起路來不太方便，所以愛靜不愛動。他對姑父診病很有興趣，於是每天都坐在姑父醫桌旁邊看姑父診病。日子久了，他耳濡目染，竟會將甘草、黃連等常用藥名都記在心上。

到了讀書年齡，姑父把他送到附近的一間私塾讀書。放學後，小伙伴們都去玩耍，但錢乙卻喜歡回到

家裏，靜靜地坐在姑父旁邊看診症。

　　一天，來求診的病人十分多，姑父忙不過來，錢乙看在眼裏，很希望可以幫幫姑父的忙，他對姑父説：「姑父，讓我替你幫這位大叔貼藥膏吧！」

　　姑父驚喜地説：「你會嗎？」

　　「嗯！」錢乙用力地點了點頭。他從姑父手中接過藥膏，準確地把藥膏貼在病人背部患病的部位。

　　「好樣的，你已可以幫姑父的忙了。」姑父開心地摸了摸錢乙的頭。自此之後，錢乙便幫姑父做一些治病方面的小事情了。

　　到了十四五歲，錢乙已成了姑父不可缺少的幫手，他幫姑父抄藥方、配藥，有時姑父還叫他幫病人做熱敷及針灸。

　　也從這時開始，他白天上學讀書，放學後做姑父的助手，夜間則自己研讀醫書。再年長一些，他可以單獨為病人診治一些簡單的疾病了。

　　在診治過程中，錢乙發現，哮喘病、佝僂病等，大都是小兒時生病留下的後遺症。自己身軀瘦小，發育不良，也是因幼時多病造成的。由此，他感到濟世

救人，要從關心小兒疾病開始。

一天，錢乙把自己的想法告訴姑父，姑父聽後深有同感，但姑父也告訴他：

「診治小兒疾病並不容易啊！小兒脈象細微，見到醫生又哭又鬧，切脈不容易切得準確。小兒又不會自己述說，即使述說了也未必準確，憑問診很難了解病情。小兒的臟腑柔弱，易實易虛，易寒易熱，用藥稍有出入，就會使病情變得複雜，所以即使是名醫，也很怕為小兒診病的。」

錢乙說：「姑父說得很對。不過我想，正因為小兒病難醫治，才更加要多研究它。因此，我想以後專門研究小兒疾病的防治。」

姑父見錢乙決心已定，便把自己診治小兒病的經驗全部傳授給他。與此同時，錢乙繼續認真鑽研《內經》、《傷寒論》等醫書，再結合自己的臨牀實踐，摸索出一套適應小兒用的「五臟辨證」法，創製一些新藥方，治好了許多小兒疑難雜症，他也由此而聲名大振。

欲得小兒安，常要三分飢與寒

　　五十歲那年，錢乙突然接到宋神宗的詔書，要錢乙到汴梁為他姐姐長公主的女兒治病。原來長公主的女兒性情乖戾，非常瘦弱，又不思飲食，不像同齡的小朋友那樣天真活潑。曾請了許多名醫替她診治，服了不少名貴藥品，但仍不見好轉。長公主聽説錢乙對小兒病很有經驗，特地請宋神宗把錢乙召到京城來。

　　錢乙為孩子切脈檢查後，直率地對公主説：「這孩子並不是真的有病，而是因為大人們對她過分寵愛，嬌生慣養才造成這樣的。」

　　長公主有些不明白，問：「大夫為什麼這樣説呢？」

　　錢乙分析説：「這孩子平日吃的是山珍海味，過多又過飽，結果使脾胃阻滯，不想再吃東西。穿的是錦繡絨

裘，因怕她出事，又不讓她多活動，結果使她缺乏抵抗力，一受風寒，便經受不住。一有了什麼不舒服，立即又要她補這補那，更

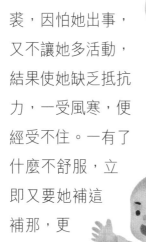

不讓她活動，結果造成她脾氣古怪，見了什麼人都感到討厭。」

「先生說得有道理。」長公主十分佩服，「那麼應怎樣調理呢？」

錢乙說：「千萬不要再給她服用人參這類補藥了，只用些普通的開胃消滯藥就可以了。今後，不要讓孩子吃得過飽，衣服要輕薄

些，讓她多活動筋骨，暢通血氣，孩子自會活潑強壯起來的了。」

第二天一早，長公主又派人來請錢乙前去。一見面，長公主就焦急地對錢乙說：「孩子服藥後一直沉沉地入睡，又常說夢話，叫她、推她，她都不醒，該怎麼辦？」

錢乙安慰長公主說：「公主不要擔心。孩子這種表現，是元氣和病邪在相鬥。這個時候，我們不要弄醒她，而是讓她安睡，鬥倒病邪。」

錢乙一邊說，一邊走到臥榻前，他看了一會孩子後，對長公主說：「看樣子，公主平日是見到孩子在睡夢中一有動靜就立刻把她弄醒的，對嗎？」

長公主點了點頭。

錢乙說：「公主以後不要再這樣做了。孩子在睡夢中有動靜，這是很正常的事，弄醒她，反而讓她不得安寧，孩子的脾氣怎會不乖戾呢！」

長公主連連點頭，並按錢乙說的去做，經過一段時間的調理，孩子的身體漸漸強壯起來，長公主非常高興，奏請宋神宗封錢乙做翰林醫學（低級醫官）。

「欲得小兒安，常要三分飢與寒」，這是錢乙提倡的「保生養生」法。它的意思是，小兒消化吸收功能還未十分健全，保持七分飽便可保養他嬌嫩的臟腑；小孩子元陽充足天性好動，如果穿衣太多，反而容易出汗受涼，容易感冒。這種保養方法，至今仍然適用。

特別的藥方——用黃土做藥物

一年後，宋神宗的太子也生病了。太醫診治了幾次，不但沒治好太子的病，反而令病情加重了，後來甚至出現吐血和抽筋的現象。宋神宗急得不知如何是好。

長公主聞訊，立即向宋神宗推薦錢乙。錢乙診斷太子患了風症，病情很嚴重，用普通的藥物不能制止抽筋和吐血，因此開了一張很特別的藥方，上面有一味藥叫「黃土」。

宋神宗看了藥方，很驚訝地問道：「黃土也可以

用來做藥物？」

錢乙回答說：「是的，黃土也可以用來做藥物，這服藥以它為主合成，所以叫黃土湯。這種黃土是經過焙燒的灶間黃土，有藥的成分，而且療效很好。」

但神宗還是懷疑，繼續問：「黃土為什麼可以治病呢？」

錢乙說：「太子患的是風症，腎裏有病。腎是屬水的，因此要用土來壓。服了黃土湯，就可以止住風症。」

宋神宗聽了，覺得有道理，馬上傳旨配藥煎湯。太子服了兩劑黃土湯後，抽筋、吐血的症狀馬上消失，不久就痊癒了。宋神宗十分高興，提升錢乙當太醫丞。

「小兒病要辨證治療」

錢乙給小兒治病，堅守一個原則，就是要「辨證治療」。他認為，小兒身體有自己的特點，因此診病

時必須根據它的特點辨證治療，不可照搬古藥方。開藥方時，要採用「柔潤」的原則，力戒妄攻、誤下。

一天，一位醫生帶了錢乙開的一張兒科藥方來問：「錢太醫，對照張仲景《金匱要略》中開的處方，您這張藥方好像少開了兩味藥，是不是遺漏了呢？」

錢乙接過藥方看了一遍，對他解釋說：「張仲景的藥方是給成人服用的。孩子陽氣足，如果再服食肉桂和附子，會暴熱流鼻血的，所以我刪去了這兩味益火的藥。」

「啊，原來如此，太醫說得有道理，佩服，佩服。」那醫生聽後，連連點頭。

根據這藥方製成的藥丸，就是六味地黃丸，至今這藥丸仍然是幼科補劑。

自從錢乙一連治好皇家的兩個孩子之後，找他看病的人每天絡繹不絕。這天，京城裏一家很有錢的人來請錢乙為他的孩子治病。原來，孩子患了肺熱病，醫生按慣例給他開了犀角、生牛黃等涼藥來解熱，个料孩子服藥後，病情反而加重了，咳嗽不止，茶飯不

進。

　　錢乙察看了孩子的氣色及切脈後，開了一張藥方，上面有灸草、陳皮等溫補藥。原來為孩子診治的醫生看過藥方後，疑惑地問：「錢太醫，孩子明明患是熱症，您怎麼還開溫補藥呢？」

　　孩子的父親一聽，立即緊張地問：「錢太醫，您是否開錯了藥？」

　　錢乙笑了笑說：「你們不要擔心，我並沒有開錯藥方。孩子患的確實是熱症，但在此之前服的都是大涼的藥，涼過了頭，傷了孩子的脾胃，使他不思茶飯，病勢加重。如果現在再用涼藥，就會有危險了。當務之急，是先補脾胃，使孩子開胃，然後再治肺熱，效果就會好了。」

　　孩子服了錢乙開的藥，兩天後，胃口果然好起來。錢乙再開一服涼藥，孩子服後肺熱就消去了。

法醫學鼻祖

——宋代法醫宋慈

　　宋慈（公元1186年－1249年）——宋代著名法醫學家。其著作《洗冤集錄》是世界歷史上第一部以死亡方式系統編輯的法醫學著作，被尊為世界法醫學鼻祖。

醫生行業中，有一種醫生的工作不是救死扶傷，診治病人，而是專職於解剖死者的屍體，通過嚴謹的檢驗和論證，推理出死者去世的原因。這種醫生，他們的職業叫什麼呢？你知道嗎？他們叫法醫。

我們看新聞，也常常見到法官判決某人是死於什麼原因時，他依據的就是法醫提供的檢驗結果。不過你不要由此就以為法醫是現代才有的，其實早在我國秦朝時，法例就已規定死因不明的案件要進行屍體檢驗，司法官如果違法不進行檢驗，將受到處罰。

我國歷史上最著名的法醫是宋代的宋慈，他寫的《洗冤集錄》是我國第一部系統的法醫學著作，也是世界上現存的最早的法醫學專著，比國外最早由意大利法醫菲德利斯寫的法醫學著作早了三百五十年呢！

「最大的事莫過於人命」

宋慈出生於一個世代為官的官僚家庭，從小刻苦讀書，能寫出一手好文章，是宋代著名學者朱熹的得

意弟子吳稚的學生。三十一歲那年，他考中進士，但是由於父親病逝等原因，他沒有上任當官。到了四十那年，他才正式進入官場，擔任江西省信豐縣主簿。

由於他為官清廉，處事公正，因此不久之後朝廷便調派他擔任廣東提點刑獄官。這是一個專責執行刑法的官職。

宋慈到任後，發現堆積了很多案件，很多被拘押了幾年的案犯都未能審理判刑，於是他制訂了辦案的規約，要求下屬嚴格執行，很快就處理了大量的積案。在處理案件的過程中，他感覺到要想儘快而且準確地處理好案件，僅有司法方面的知識和職權是不夠的，還要掌握一些醫學方面的專門知識，例如解剖、生理、病理、藥理，以及各種急救和治療的知識才行，尤其是審判一些命案時。

怎麼辦好呢？最好的辦法就是去學習這方面的知識了。他一邊閱讀《內恕錄》、《折獄龜鑒》等有關法醫方面的著作，一邊向有經驗的醫生，甚至獄吏、仵作（檢驗屍體的人）等請教，每當發生人命案件，他都親自到現場觀察。如果遇到重大疑案，他必定在

現場反覆觀察研究，不放過任何一個細節，直弄到水落石出為止。

有同僚勸他不用如此認真執着，宋慈嚴肅地説：「最大的事莫過於人命，最大的罪莫過於死刑。殺人者償命，這是國法，任何人都不能寬恕。但是如果案情沒審清楚，量刑不當，那麼心裏是會不安的。定罪一定要以屍體或傷痕的檢體為依據，否則，如果檢驗不準確，那麼就容易造成死者的冤屈不能得雪，活着的人又有可能蒙冤。」

同僚聽了連連點頭。宋慈接着又説：「處理人命案件，做官的人必須要親自到現場去檢驗屍體。即使這樣，有時也會被仵作欺騙，或被吏役蒙蔽，令到自己不能準確地斷出案情。如果好像有的官員那樣，到了現場，但因為怕髒，坐得遠遠的，還掩上鼻子，不敢去接觸屍體，那麼就有可能令仵作和吏役從中作弊了。」

因此，宋慈在驗屍時，總是走近屍體，認真地監視仵作如何驗屍，要求他們對頭頂、髮際、耳朵、鼻孔、咽喉、肛門等處仔細檢驗。即使是女性死者，他

也不理當時世俗人的眼光，要求仵作不用避羞，認真檢驗身體的最隱蔽之處。如果發現有可疑的地方，就下令再次檢查。

一次，宋慈偶然翻閱已經結案的宗卷，發覺上面記載着一個農夫自殺的案件有可疑之處。宋慈決定重審。他開棺驗屍，發現死者腹部的傷口進刀輕，出刀

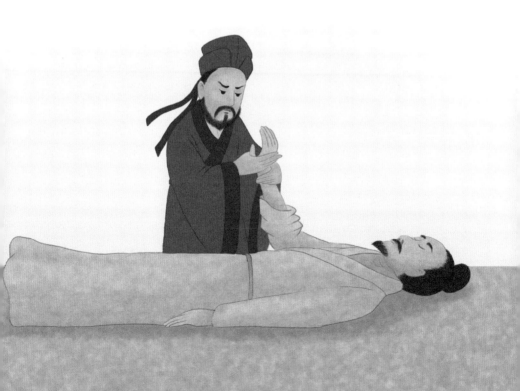

重。他問身邊的仵作，仵作說：「發現死者時，刀子是在死者手上的，但是握得不是太緊。」宋慈覺得更加可疑了。

於是他親自去探訪死者的鄰居、親友，終於查出真相，原來是一個當地官員的兒子因為見到農夫新婚的妻子很漂亮，便指使人把他殺死，搶走他的妻子，並偽裝成農夫自殺。宋慈重審此案，把殺人者處理償命，並嚴懲了弄虛作假、貪錢枉法的官吏和仵作。

開創法醫鑒定學的《洗冤集錄》

不久之後，宋慈又先後被調任江西提點刑獄和湖南提點刑獄。長期的司法工作，令他積累了豐富的法學知識。他深感到法學知識在辦案工作中的重要性，決定在總結前人成就的基礎上，再結合自己的實踐經驗，把這些知識寫成一本專著留給後人。

於是，他在公元一二四七年冬天，在任湖南提點刑獄的任上，寫成了我國歷史上第一部完整的法醫學

專著《洗冤集錄》。

《洗冤集錄》的內容十分豐富，比較全面地記述了人體解剖、檢驗屍體、勘察現場、鑒定死傷原因、自殺或謀殺的各種現象等內容，還列舉了當時用來自殺和謀殺的各種毒物，以及解毒、急救的方法。

令人驚歎的是，書中有一些檢驗方法雖屬經驗範疇，但卻與現代科學相吻合。

例如：書中介紹的急救上吊之人的方法，和當代的人工吸吸法幾乎沒有差別。骨科方面的疾病，介紹了用夾板來固定傷折部位，包紮創傷用活剝的雞皮來作繃帶等。

又如，驗屍前，先用糟醋來洗滌屍體，以防止檢驗時細菌感染傷痕；檢驗屍骨上的生前傷，可以把它放在陽光下，上面用黃布雨傘遮住，這樣，骨上的傷痕就會清楚地顯示出來。這方法，和現代用紫外光照射屍骨，檢驗傷痕的原理相同。

書中提出的用雞蛋和入明礬，灌進服砒霜毒的人口中催吐的方法，至今仍然使用。

《洗冤集錄》成書後，朝廷立即將它頒行全國，

成為當時刑獄官的必備書。元朝、明朝和清朝都把它作為刑法官的必讀書。十九世紀中期起，它先後被譯成荷蘭、法、德、韓、日、英、俄等國文字，成為各國法醫重要的參考書。

明代醫藥學家

——李時珍

李時珍（公元1518年－1593年）——明代著名醫
藥學家。他所著的《本草綱目》是本草學集大成的著
作，對後世的醫學和博物學研究影響深遠。

在中國一些農村地方，至今仍保留着一種這樣服中藥的習俗：病人服完中藥後，把藥渣倒在自己家門口附近，直到病人完全康復，才把藥渣清理掉。相傳這種習俗和明代名醫李時珍有關。

救治老虎的傳說

傳說有一天，李時珍正在山上採藥，突然，一頭斑額大老虎向他走來，李時珍嚇呆了，這時候要逃走已來不及，李時珍只好呆站着聽天由命。

誰料，老虎走到離李時珍十尺遠的地方便停了下來，牠以求助哀憐的目光望着李時珍，並以低啞的聲音向他悲鳴。李時珍感到奇怪極了，出於職業習慣，他想到：莫非這隻老虎生病了，想找我替牠醫治？

想到此，李時珍大着膽子向老虎問了一聲：「你是想找我看病的嗎？」老虎仍然只是望着他低聲悲鳴。李時珍想到老虎是不會説話的，於是他又對老虎說：「如果你是想找我看病的，就點三下頭。」

奇怪的事情發生了，那老虎果然向李時珍點了三下頭。李時珍也覺得十分驚奇，他再說：「如果你是想找我看病的，請躺下，讓我為你檢查。」

老虎真的乖乖地躺下，李時珍大着膽子走過去，仔細察看，果然見到老虎腹下有一大處創傷，已潰爛化膿了。李時珍替老虎擦乾淨傷口，取出隨身帶的藥為老虎敷上，並拍了拍老虎的頭，說：「去吧，過幾天就會好的了。」

老虎站起來，用舌頭添了添李時珍的手，搖了搖尾巴便走了，但走出十多步，牠又回頭望了望李時珍。一個多月後，李時珍又上山採藥。剛走到山腳，一頭老虎突然出現在他面前，李時珍嚇了一大跳。不料那老虎並不傷害他，反而圍着他一邊轉，一邊歡叫。李時珍定睛一看，認出是上次找他診治的老虎，他不禁笑了。他摸了摸老虎的頭，正想繼續往前走，老虎突然在他面前蹲了下來，阻住他的路，並且不停地搖着尾巴。李時珍想了一想，試着問：「你是想我騎到你背上嗎？如果是，請你又點三下頭。」

老虎果然點了三下頭，李時珍顛巍巍地坐上去，

老虎便站起來，馱着李時珍上山了。自此，每當李時珍上山採藥，這老虎便在山腳等他。後來，這老虎還馱着李時珍去病人家診病。誰料，一到村口，人們便嚇得哇哇大叫，這時，李時珍才記起，由於自己和這老虎相處的日子長了，完全把牠當成了普通的牲口，但村民對老虎是存有很大的畏懼的。因此他連忙安慰村民：「大家不要害怕，這老虎很純良，不吃人的。」

李時珍叫老虎在病人家門口等他，他進屋為病人治病。雖然大家都知道這老虎不會吃人，但心裏始終存有恐懼，於是李時珍對老虎説：「以後你不要再在病人家門口等我了。我叫病人家把藥渣倒在家門口附近，你就知道我在附近診病了，待我出來後你才來馱我吧！」

病人家屬和老虎都分別照着李時珍的話去做了，但李時珍感覺到騎着老虎去診病，對病人的心理始終有不太好的影響，於是他又告訴老虎：「村民們對你仍是有恐懼，你還是回到山上

去吧，我自己走路去診病就可以了。」老虎聽了李時珍的話，依依不捨地走了，走出十多步，牠對李時珍又點了三下頭，長嘯一聲，便奔回山上，從此不再下來。

不過，在家門口倒藥渣的做法卻傳開了，並且一代傳一代，人們以此來表達對李時珍的無比敬意。

上述故事只是一個傳說，但是李時珍醫術的高超和醫德的高尚，卻是史書上有記載的。

不想做官，只想學醫治病

李時珍是蘄州（今湖北省蘄春縣）人，生於明代武宗正德十三年（一五一八年）。他家世代行醫，祖父是一個手搖鈴鐺，串村走鄉賣藥治病的「鈴醫」。由於鈴醫地位低微，因此李時珍的父親李聞言發奮讀書，希望當個一官半職，但中過秀才之後，再也考不上了。為了養家活口，李聞言只好繼承祖業行醫。

李時珍小時候身子瘦弱，曾患過骨蒸病（即肺結

核），幸虧父親醫術高明，讓他服了許多藥，才把他治好。李時珍由此而對醫藥書發生濃厚興趣，還時常跟着父親上山採藥。

李時珍十二歲那年，父親下了決心，要李時珍好好讀八股文，以考取功名。李時珍不想父親失望，只好按父親的吩咐讀八股文，但是他對八股文一點也不感興趣，他只想像父親那樣當一名民間醫生，因此暗中繼續偷偷地看醫藥書。父親診病時，他也借故在旁邊看。這樣一來，就不影響他學醫了。

十四歲那年，李時珍中了秀才，父親高興極了，叫李時珍繼續攻讀八股文，但李時珍仍然是老樣子，暗中學醫。結果後來到省城考科舉，三次都失敗了。

第三次考科舉時，李時珍已經二十三歲了。在回家的路上，李時珍對父親說：「我真對不起您老人家，連續三次都失敗了，您不高興了吧？」

李聞言搖了搖頭，歎息着說：「看來，我們李家是出不了當官的人了。」

李時珍說：「我今年已二十三歲了，不能再讓您老人家為我操心了，還是讓我跟您學醫吧！」

李聞言説：「其實我知道你很想學醫，也看得出你很有學醫的天分。但是我李家幾代為醫，都幾代受苦，我是不希望你也這樣，才叫你考功名的。如今，你既一心從醫，為父的也不想再阻止你了，你就跟我學醫吧！」

就這樣，李時珍正式掛牌行醫。

立下宏願，重編「本草」

一天，漁民老龐急匆匆地來找李時珍：「李大夫，我老婆得了重病，請您快點去看看。」

李時珍來到老龐家，見病人躺在破爛的棉絮裏，幾乎沒有聲息，但切脈後，又覺得沒有生命危險，於是他一邊安慰老龐，一邊問：「你有沒有給龐大嫂服過什麼藥？」

老龐説：「昨天我老婆有點不舒服，剛好有一位郎中（醫生）經過，便請他診治。不料服了藥，就變成這個樣子了。」

「你把藥方拿來我看看。」

李時珍從老龐手裏接過藥方，仔細地看了幾遍，覺得郎中並沒有開錯藥，那麼，問題出在哪兒呢？莫非配錯藥？想到此，他叫老龐取來藥渣，對照着藥方仔細地查看。突然，他發現一味叫虎掌的藥，藥方是沒有的；而一味漏籃子，藥方上有，藥渣裏反而沒有。李時珍明白了，是藥舖配錯了藥。

老龐一聽，便大罵起來，要找藥舖的人算賬。李時珍阻止他說：「這也不能全怪他們。藥書上說漏籃子又名虎掌，藥舖的人以為這兩味藥可以互用，才出亂子的。幸虧發現得早，服些解毒藥就沒事的了。」

回到家中，李時珍仍然想着這件事，並由此而聯想起許多同類事情，他想到自己行醫過程中，常發現一些藥的療效和古代醫書說的不一樣；有時則是，有的藥的療效藥書上沒有提到。就如自己小時候患骨蒸病，父親按照古醫書，讓他服了不少潤肺治寒熱的柴胡之類的藥，但不見療效。後來父親改用黃芩，病卻好了。但黃芩為什麼可以治骨蒸病，藥書裏沒有提到。如果老是照藥書去用藥，難免要出亂子。

想到此，李時珍立下宏願，要把古代傳下來的醫書好好整理一番，改正書中的錯誤。書中沒有提到的，就補充進去。

　　李時珍把自己的想法告訴父親，李聞言大吃一驚，說：「你想重編『本草』？這可不是一件簡單的事啊！而且是要請朝廷批准才行的啊！」

　　「本草」，就是植物的意思。上古時代人們用植物來治病，故把「本草」作為藥物的代稱。編修「本草」需要花費很大的人力、物力和財力，北宋末年唐慎微主編的《證類本草》，是依靠朝廷的力量修編的。因此，李時珍說：「那麼，我們向朝廷申請吧！」

　　李聞言苦笑着說：「朝廷會批准我們這樣的人來重編嗎？」

　　是啊，朝廷會批准像他們這樣沒名望的民間醫生重編「本草」嗎？李時珍心中也明白。但是他認為，目前最困難的，倒不是所要花費的人力和財力，而是自己在醫藥方面的知識還不夠。因此，他一邊行醫，一邊大量閱讀與「本草」有關的書籍。

兩次外出實地訪查藥物

　　足足準備了十年，李時珍看了近千種著作，寫下的閱讀筆記裝滿了幾個櫃子。這時，李時珍已經三十五歲了，他覺得可以動手編「本草」了。他把這部著作取名為「本草綱目」，因為他設想將這部書重新分類，使它綱目清楚，查閱方便。

　　可是，當他正式動筆時，又常常覺得難以下筆，最令他頭痛的是，許多藥的形狀和生長情況都不清楚。古書中雖有解釋，但插圖少，語句含糊，令他難以下筆。

　　李時珍終日愁眉苦臉，不知如何解決這一難題。父親提醒他說：「你寫不清楚，是因為沒有見過這種藥物。你到藥物的產地去看看，問題不就解決了嗎？」

　　李時珍恍然大悟，決定進行一次實地調查。

　　他把要查訪的藥物開列名目，先查本地出產的，再訪外地的。查訪不到的，就向當地人請教。不論是種田的、捕魚的、砍柴的、打獵的，他都一一謙遜請

教，人們一知道他的意圖，個個都樂意幫忙，有的甚至親自帶他去尋找。他一面看，一面詳細記錄。

比如，許多「本草」裏都提到一種叫「芸薹」的植物，可以用來製藥，但它的形狀是怎樣的，卻沒有寫明白。李時珍訪問種田人，並仔細看過後，才知道它的俗名叫「油菜」，頭年下種，第二年才開花，種子可以榨油。

又如，老虎血能否用作藥？獵人告訴他：「老虎血可以壯神強志，是個好東西。」一位專治蛇毒的人告訴他：「蛇的品種，有一百多種，專治蛇毒的草藥也有八十多種。」一位藥農親自帶李時珍去挖茯苓，他告訴李時珍：「這東西製成藥，可以利尿。」有個賣藥的，知道李時珍在尋找草藥，就熱心地拿出他所採集的草藥，向李時珍一一介紹：「這是黃連，可以治痢疾；這是三七，可

以用來止血……」李時珍把他所聽到的和見到的，一一寫在筆記本上。

有時候，為了確定某些藥物的藥性，李時珍還不顧危險，親自試藥。例如他就曾親口嘗遍曼陀蘿花的各個部分，然後把它的藥性記下來。

這次查訪，歷時三年。李時珍家裏放滿了各種可以用來治病的動植物的標本，掛滿了繪有鳥、獸、蟲、草的畫，院子裏種着名目繁多的藥草。

回家後不久，朝廷下令召集各地名醫到京城去，李時珍也在應召之列。李時珍不想當醫官，但想到皇家太醫院中有許多秘藏的醫書，還有各地進貢的藥材，這有助於自己編修《本草綱目》，所以決定應召。

在太醫院裏，李時珍果然看到許多國內出產的稀有藥材，還看到外國送來的珍貴藥材，並讀到大量醫書。第二年，他藉口有病，辭職回家。

回到家鄉，李時珍一邊行醫，一邊編修《本草綱目》。因許多藥物還沒接觸過，四十七歲這年，李時珍決定第二次外出查訪。這一次，他的足跡遍及現在

的湖北、湖南、江西、廣東、安徽、江蘇等地，用了四五年時間。這次查訪，不但找到許多以前未見過的藥物，而且搜集到許多民間藥方和書籍文獻。

劃時代的醫藥巨著

為了編寫《本草綱目》，李時珍積累了幾百萬字的文字資料。要把它整理成一本藥典，而且還要做到圖文並茂，真不是一件簡單的事，於是李時珍叫全家人一齊動手，有的抄寫，有的繪圖，有的校對。經過三次重大的修改，這本凝結着李時珍一生心血的醫藥巨著終於完成了，前後歷時二十七年，這一年，李時珍已是六十歲的老人了。

《本草綱目》規模宏大，全書一百九十多萬字，分成五十二卷，堆起來有幾尺高。書中共收錄藥物一千八百九十二種，附有一千一百多幅藥物形態圖，一萬一千多個藥方。

書稿雖然完成，但要把它印出來傳到世上卻不容

易。那時候，印書是要自己掏錢請人刻字印行的，但李時珍沒有那麼多錢。他到處奔走，但都沒有結果。一直過了十二年，南京一位出版商才答應出錢刻印，但李時珍此時已病倒了。第二年，李時珍病勢加重，終於離開人世。臨死前，他仍一再叮囑家人，要使這部書廣為流傳，造福百姓。又過了一年多，《本草綱目》才成書問世。

李時珍的兒子緊記着父親的囑咐，千方百計把它獻給神宗皇帝，希望借助朝廷的力量使它廣為流傳，可惜沒有成功。但是這本書卻在民間廣為流傳，後來更流傳到國外，被翻譯成日、德、法、英、俄、韓等國文字，被譽為「東方醫藥巨典」。神宗皇帝當時並不知道，這是一部劃時代的醫藥巨著。英國著名生物學家達爾文也曾受益於《本草綱目》，稱它是「中國古代百科全書」。直到現在，這部巨著仍然是每個中醫必讀的書籍。而李時珍更因此而在1951年維也納舉行的世界和平理事會上被列為古代世界名人。

外科名家

——明代名醫陳實功

　　陳實功（公元1555年－1636年）——明代外科醫學家。其著作《外科正宗》反映了明代以前我國中醫外科醫學的學術成就，為我國的外科醫學作出了寶貴的貢獻。

在中國古代，外科醫生叫「外科醫」，他們所掌握的外科技術，被認為是「小技」，所以社會地位不高。到了明代，由於外科醫學著作的增多，以及出現了一些技術高明的外科醫生，這種狀況才漸漸改變過來，當中最為傑出的一位外科醫生是陳實功。

陳實功是東海通州（今江蘇南通市）人，生於明世宗嘉靖三十四年（公元一五五五年）。和許多名醫幼年時代的處境一樣，陳實功小時候也是身體瘦弱，經常生病的，因此，他自小便立志學醫。成年後他以行醫為業，六十二歲那年，還著成外科醫學專著《外科正宗》，為中國的外科醫學作出了寶貴的貢獻。

內外結合的診治法

明代文學家李攀龍曾經說過這樣一段話：醫治外科的病，比醫治內科的病更加困難，因為內科病不一定要外治，但外科病卻必須內治。

陳實功對李攀龍的話深深認同，他強調外科醫

生不僅要掌握外科技術，還要懂得內科知識。在治病時，醫生要根據具體情況，有的要先外治再內治，有的要先內治然後再外治，有的則要內治外治結合，這樣才能取得良好的療效。

下面的一個例子，就可以證明陳實功的醫學主張是正確的了。

有個病人患了一種傳染病，身上有兩三處潰腫，疼痛得難以忍受，請求陳實功替他醫治。陳實功診斷後，認為需要先動手術，把毒氣去掉。

但是病人害怕動手術，想讓潰腫的地方自行消腫，因此不聽陳實功的話，自己服食解毒藥，結果，不但潰腫處沒有消腫，反而傷了身體元氣，令傷口化了膿，筋骨疼痛，連走路也很困難。

病人於是再請陳實功替他診治，陳實功檢查後，認為病人現在的情況已和前幾天不同了，必須先內治，補足元氣後再外治。

誰料病人又不相信陳實功的話，自己繼續服食解毒藥。服解毒藥後，病人的身體變得更加虛弱了，連飲食都不能吞咽，筋骨疼痛得不能入睡，只好第三次

請陳實功診治。

　　第三次應診時，陳實功懇切地告訴病人：「按照你現在的身體情況來看，必須先增補元氣，使身體變得強壯些，然後才可以治療瘡毒。如果繼續服解毒藥，你的創傷不但不能痊癒，還有可能令你的身體變得更加虛弱。」

　　病人因自己不聽陳實功的話而吃了兩次苦頭，深深後悔，連連點頭說：「陳大夫說得有道理，這次我一定按陳大夫的指示服藥了。」

　　陳實功讓病人先服增補元氣和安神入睡的藥，過一段時間再讓他服使瘡毒消腫的藥。經過半年的調養，病人終於恢復了健康。

喉管被割斷了，還能救活嗎？

　　陳實功之所以被人稱為「外科名家」，還因為他有一手精湛的外科技術，曾無數次救活瀕臨死亡的人。

有一次，一戶人家遭強盜搶劫，幾個人的喉管都被割斷了，陳實功知道後，立即趕到現場。

一個衙差走到他面前，説：「陳大夫，這幾個人的喉管都被割斷了，還能救活嗎？」

陳實功説：「讓我先看看。」他先用手放在被害人的鼻孔下，覺得還有氣息，接着摸了摸被害人的額頭和身體，發覺他們還有體溫，於是決定馬上搶救。他回過頭來對衙差説：「他們還有希望可以救活。」

陳實功先用絲線把被害人的傷口縫合，並在上面撒上桃花散傷藥，再用四五層棉紙護住藥粉，不讓藥粉散落。接着輕輕地扶起被害人的頭，在他們的腦後各墊上一隻高高的枕頭。經過這番處理後，被害人的口鼻中有了明顯的氣息，陳實功再慢慢地把

藥湯和稀粥灌入他們的口中。

　　在場的人看到這一幕，無不稱讚。被害人的一位鄰居說：「多虧陳大夫有一雙起死回生的妙手，要不，阿坤一家就絕後了。」

　　急救成功後，陳實功又精心地進行護理。換藥時，陳實功用濃濃的蔥湯洗滌傷口，然後用桃玉膏塗擦，盡量減少被害人的痛楚，並促使傷口長出肉芽。之後，又讓被害人服八珍湯調理。

　　經過一個多月到三個多月，這些原被割斷喉管的人一個個痊癒了，他們稱陳實功為再生父母。

「五戒」和「十要」

　　陳實功常說：做醫生的要做到「五戒」和「十要」。「五戒」是指醫生不得計較診金多少，不能離開醫務崗位，要隨時搶救病人，以平等態度對待貧富病人等。

　　「十要」是指：醫生要勤讀古代名醫的書，並細

心領會，使診症時不發生錯誤；對藥物要精選，不可粗製濫造等等。

陳實功是這樣説，也是這樣做的。他對病人無論貧富貴賤，一視同仁。遇到窮苦病人或遊食僧道來求醫，陳實功都不收診金，有時還會免費發藥，甚至贈送物品。他時常拿出錢來修路搭橋，甚至設立養濟院收容難民。

一次，蘇州撫軍的母親患了一種背部化膿的外科病，幾乎請遍了江南的名醫前來診治，但都沒有效果。撫軍對母親十分孝順，眼見母親的病一日比一日重，急得六神無主，整天在母親病榻前流眼淚。

後來，有人告訴他：「通州的陳實功是一位外科名家，醫術高明，何不請他來試試？」

撫軍一聽，立即派人把陳實功請來。

這時候，病人已經奄奄一息了，陳實功想盡辦法，終於使病人轉危為安，最後痊癒了。

撫軍對陳實功感激不盡，送了許多金銀和綢緞作為酬謝，但陳實功謝絕了。撫軍請求陳實功無論如何都要收下謝禮，陳實功便對他説：「既然大人一定要

多謝我，那麼請接受我的請求，請大人把通州南門的
木橋改為石橋，方便百姓行走，那就是對我最大的酬
謝了。」

　　撫軍聽後，十分感動，說：「我一定依照陳大夫
的請求去做。」

不久，撫軍派人把木橋改建為石橋，百姓來往都方便多了。陳實功治病不為錢的高尚醫德，也傳遍了江南。

　　公元一八一七年（明神宗萬曆四十五年），陳實功將他四十多年的治病經驗著成外科巨著《外科正宗》。全書共四卷，書中論述了病源、診斷和治療方法等，並將外科的常見病一百多種，分門別類地敍述其症候、病理、治法、方藥、針灸、急救及藥物煉製方法等，書中還附有症狀繪圖和方藥歌訣。《外科正宗》對我國的外科醫藥影響甚大，書中所記載的對下頷骨脱臼的治療整復手術，完全符合現代醫學的要求，一直到現在仍沿用。

　　而書提出的醫德守則「五戒十要」，後來更成為醫學倫理重要文獻之一，1978年被美國出版的《生命倫理學百科全書》列為世界古典文獻之一，與《希波克拉底誓言》和《邁蒙尼提斯禱文》並列。

　　《外科正宗》印行後，廣為流傳，並流傳到日本等國。

發現青蒿素
——獲諾貝爾醫學獎的屠呦呦

屠呦呦（1930年－　）——中國中醫科學院終身研究員兼首席研究員，抗瘧藥青蒿素和雙氫青蒿素的發現者，2015年諾貝爾生理學或醫學獎的得獎者。

2015年12月7日，在瑞典卡洛林學院裏，一位年逾八十的中國女科學家用略顯虛弱，卻字字清晰的中文在作《青蒿素的發現：傳統中醫給世界的禮物》的主題演講；12月10日，這位女科學家在斯德哥爾摩音樂廳裏，獲瑞典國王古斯塔夫頒發2015年諾貝爾醫學獎證書、獎章和獎金。

這位女科學家就是屠呦呦。她以發現「青蒿素」（artemisinin，又名黃花蒿素）成為治療惡性瘧原蟲所引發的瘧疾的特效藥，挽救了數百萬人的生命之成就，與另外兩位科學家威廉・c・坎貝爾（愛爾蘭）、大村智（日本）共同獲得2015年的諾貝爾生理學或醫學獎。她是首位獲得諾貝爾生理學或醫學獎的中國人，也是首位中國女性諾貝爾獎得主。

出自《詩經》的獨特名字

1930年12月30日黎明時分，一陣嬰兒出生的「呦呦」哭聲，從寧波市開明街50號的屠家傳出。

父親屠濂規抑制不住自己的欣喜，這是屠家生了三個兒子之後的第一個女兒啊！他一邊聽着女兒的「呦呦」哭聲，一邊隨口吟出《詩經‧小雅》中的詩句：「呦呦鹿鳴，食野之蒿。」「好，女兒就取名叫呦呦吧！」屠爸爸沒有想到，他為女兒起的這個獨特名字，竟然暗寓了女兒一生的「青蒿緣」。

小時候的屠呦呦最愛家中樓頂那個擺滿了古籍的小閣樓，那也是爸爸的書房。當爸爸到那兒看書時，她就坐在一旁，拿出一些繪着草藥插圖的中醫書來看。雖然還未讀書識字，但她也看得津津有味。

十六歲那年，正在讀中學的屠呦呦不幸染上了肺結核病，在當時，這是一種十分難治的疾病，屠呦呦被迫中斷學業。在長達兩年的治病日子裏，屠呦呦想到：「醫藥的作用很神奇啊！如果我學會了，不但可以令我自己遠離病痛，而且還可以救治很多人呢！何樂而不為？」正是基於這樣的切身感受，奠下了屠呦呦對醫藥學的興趣。1951年，高中畢業的屠呦呦在填報大學志願時，毫不猶豫地填下了北京大學醫學院藥學系，從此與醫藥結緣。

代號「523」的科研任務

　　1955年，大學畢業的屠呦呦被分配到中醫研究院中藥研究所工作，主要從事生藥學研究。1959年，屠呦呦參加衛生部組織的中醫學習班，開始系統學習中醫藥知識。經過持續兩年半的學習，屠呦呦熟練地掌握了閱讀中醫和西醫兩種醫學語言的能力，並進而能把傳統醫學經驗和現代生物學知識結合起來，這為她日後從事青蒿素研究打下了良好的基礎。

　　1969年1月，當時年僅三十九歲的屠呦呦接到一項重要任務——擔任代號「523」的「瘧疾防治藥物研究工作協作」研究課題組的組長，研究抗瘧疾新藥。

　　瘧疾是一種可致命的嚴重疾病，它由雌按蚊叮咬人體，將其體內寄生的瘧原蟲傳入人體而引起。常見於氣候溫暖的地區，如非洲、東南亞及南美洲等熱帶及亞熱帶地區，是一種全球性的急性寄生蟲傳染病。患者會貧血、肝臟及腎臟衰竭、痙攣、神志不清及昏迷，甚至死亡。

　　在人類歷史中，瘧疾如影隨形地一直緊跟着

人類，曾吞噬了無數人的性命。十九世紀，法國化學家製成抗瘧疾藥奎寧；二十世紀初期，化學家又發明比奎寧療效更好的特效藥氯喹。但是到了二十世紀六十年代，惡性瘧原蟲對老一代的抗瘧藥已產生抗藥性，令瘧疾治療陷入困境。如何發明新藥，成為一個十分迫切的世界性的棘手問題。要研製治瘧新藥，從那兒着手開始較好呢？屠呦呦此時想到了：瘧疾是一種古老的疾病，前人曾留下不少有關瘧疾的藥方或治療經驗，從這裏可能會找到突破口。「對，就從本草研究開始。」

接下來的日子，屠呦呦收集整理歷代中醫藥典籍，走訪名老中醫並收集他們用於防治瘧疾的方劑和中藥，同時調閱大量民間方藥。她用了三個月的時間，在彙集了包括植物、動物、礦物等二千多種內服、外用方藥的基礎上，編寫了以六百四十種中藥為主，包括青蒿在內的《瘧疾單驗方集》，並對其中的二百多種方藥開展實驗研究。

到了1971年9月初，屠呦呦帶領其團隊成員一共篩選出一百多種樣本，但是未能發現滿意的樣本。當

中胡椒提取物對瘧原蟲的抑制率雖然達到84%，但是滅蟲效果很不理想。而青蒿提取物對瘧疾的抑制率則只有68%，還不及胡椒有效。實驗研究在此卡住了。

《肘後備急方》的啟示

怎麼辦？屠呦呦環顧實驗室，思考良久，決定再從古書入手。「重新埋下頭去，再看古醫書。」屠呦呦對課組的科研人員說。

他們重新找出那些早已被翻閱得有點捲了邊的古醫書，再一本本細看，希望從中得到啟發。

這時，屠呦呦又想起了被擱置一旁的青蒿。

青蒿是一種菊科一年生草本植物——黃花蒿 (Artemisia annua L.) 的全草，生長於全國各地。關於青蒿入藥的記載，最早見於長沙馬王堆漢墓的《五十二病方》，其後的《神農本草經》等典籍都有青蒿治病的記載。青蒿治療瘧疾的記載始於公元三四〇年東晉葛洪的《肘後備急方》，宋代和明代的醫書上也有

「青蒿湯」、「青蒿散截瘧」等的記載。明代李時珍的《本草綱目》更載有治療瘧疾寒涼的實踐。

這天深夜，屠呦呦又拿出葛洪的《肘後備急方》來研讀。看着看着，屠呦呦的眼睛停留在書中的一行文字上：「青蒿一握，以水兩升漬，絞取汁，盡服之。」「以水漬」？「絞取汁」？屠呦呦腦袋裏突然靈光一閃，為什麼是「以水漬」、「絞取汁」而不是中藥常用的「用水煎汁」？難道其藥效和溫度有關？若是，那麼合適的溫度又是多少度呢？要以水來漬，那麼要絞的又是哪一部分才能絞到汁呢？

經過反覆思考，屠呦呦設計了多種新方案。她將提取青蒿的溫度控制在攝氏六十度之下，同時用水、乙醇、乙醚等多種溶劑分別提取。另外，又把莖杆和葉子分開來提取。經歷了一百多次的失敗，終於證實用沸點只有攝氏三十五度的乙醚代替水或酒精，以低溫萃取的方式提取青蒿效果最理想。

1971年10月4日，在屠呦呦的實驗室裏，每一位成員都緊張地注視着第191號的青蒿乙醚中性提取物樣品抗瘧實驗的最後結果——那是經過了190次失敗

後的又一次嚴格篩選。

「成功了！成功了！」

「終於成功了！」

眼前這種黑色的、膏狀提取物，顯示了青蒿對瘧原蟲的抑制率達到了百分之一百！

實驗室裏響起了一片激動的歡呼聲。

艱苦的試藥過程

為了讓抗瘧藥物早日製成，課題組必須儘快取得更多的青蒿乙醚中性提取物，而且還要進行臨牀應用前的毒性試驗以及製備臨牀觀察用藥。那時候，中國的科研條件比較差，課題組決定用七個大水缸來當

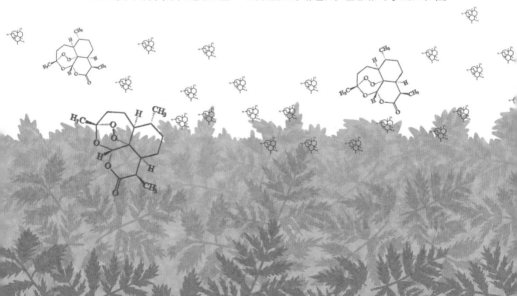

實驗室的常規提取容器。沒有通風系統，沒有防護設備，成員們通常只是帶個紗布口罩來作簡單的防護。

　　日復一日，成員們的身體健康都或多或少地受到影響，除了頭昏目脹，有的還出現了鼻子出血、皮膚過敏，屠呦呦更得了中毒性肝炎。

　　當乙醚中性提取物有了之後，屠呦呦和她的團隊又遇上了新的難題，那就是在臨牀試驗時，在個別動物的病理切片中發現了疑似的毒副作用。為了儘快可以臨牀使用，以及確保臨牀病人的安全，屠呦呦主動提出親自試藥。她說：「我是組長，我有責任第一個試藥。」就這樣，屠呦呦和她兩位隊友一起成為了第

一批人體試毒的「白老鼠」。經過一周嚴密監察，未發現對人體有明顯的毒副作用。初次臨牀應用，三十例臨牀抗瘧療效均令人滿意。

難關克服了一個又遇上一個。1973年8月，當青蒿素的動物及人體的安全性試驗全部通過，意味着新一代的抗瘧藥即將誕生時，想不到首次臨牀觀察卻出現了意想不到的問題，屠呦呦和她的團隊又再深入探究原因，最後查明是崩解度的問題。屠呦呦決定改用青蒿素單體膠囊，從而及時證實了青蒿素的抗瘧療效。1986年，青蒿素獲得了衞生部新藥證書，1992年再獲得雙氫青蒿素新藥證書。雙氫青蒿素新藥臨牀藥效比青蒿素高十倍，進一步體現了青蒿素類藥物「高效、速效、低毒」的特點。

青蒿素造福人類

瘧疾、愛滋病和癌症，被世界衞生組織列為世界性三大死亡疾病，是人類的大敵。在青蒿素問世和推

廣前，全世界每年大約有四億人次感染瘧疾，當中至少有一百萬人死於此病。青蒿素成為世界衛生組織推薦的抗瘧疾標準療法後，使得數億人免於瘧疾之苦。在瘧疾重災區非洲，青蒿素已經拯救了上百萬生命。

津巴布韋衛生部表示，該國2010年起進行一項長達四年的追蹤調查，發現服用青蒿素抗瘧藥物的瘧疾患者治癒率高達97%，津巴布韋在本世紀初的瘧疾患病率為15%，到2013年已下降為2.2%。

　　諾貝爾獎委員會委員、瑞典卡羅琳斯卡醫學院教授弗斯伯格致獎辭時，讚揚屠呦呦和另外兩位獲獎者：「你們研發的新藥物，不僅提供創新治療方法，惠及受寄生蟲疾病折磨的病人，更提升個人及整個社會的福祉及前景，對全球影響及改善人類福祉無可估量。」

　　青蒿素，傳統中醫給世界的禮物，也是中醫學對世人的巨大貢獻。

中國人的故事
名醫和藥學家的高明

作　　　者：甄艷慈
繪　　　圖：李亞娜
主　　　編：張倩儀
責任編輯：周詩韵
美術設計：何宙樺
出　　　版：新雅文化事業有限公司
　　　　　　香港英皇道 499 號北角工業大廈 18 樓
　　　　　　電話：(852) 2138 7998
　　　　　　傳真：(852) 2597 4003
　　　　　　網址：http://www.sunya.com.hk
　　　　　　電郵：marketing@sunya.com.hk
發　　　行：香港聯合書刊物流有限公司
　　　　　　香港新界大埔汀麗路 36 號中華商務印刷大廈 3 字樓
　　　　　　電話：(852) 2150 2100
　　　　　　傳真：(852) 2407 3062
　　　　　　電郵：info@suplogistics.com.hk
印　　　刷：中華商務彩色印刷有限公司
　　　　　　香港新界大埔汀麗路 36 號
版　　　次：二〇一六年六月初版
　　　　　　10 9 8 7 6 5 4 3 2 1

ISBN: 978-962-08-6574-9